*Moritz Müller*

# Geschichte Thebens von der Einwanderung der Boioter bis zur Schlacht bei Koroneia

Moritz Müller

**Geschichte Thebens von der Einwanderung der Boioter bis zur Schlacht bei Koroneia**

ISBN/EAN: 9783955644000

Auflage: 1

Erscheinungsjahr: 2013

Erscheinungsort: Bremen, Deutschland

@ EHV-History in Access Verlag GmbH, Fahrenheitstr. 1, 28359 Bremen. Alle Rechte beim Verlag und bei den jeweiligen Lizenzgebern.

# GESCHICHTE THEBENS

VON

## DER EINWANDERUNG DER BOIOTER

BIS ZUR

## SCHLACHT BEI KORONEIA.

---

**MORITZ MÜLLER.**

---

LEIPZIG

DRUCK VON PÖSCHEL & TREPTE

1879.

# Erster Abschnitt.

## Theben in der Zeit vor den Perserkriegen.

### Von der Einwanderung der Boioter bis zur ersten persischen Invasion.

Die historische Zeit Thebens, sowie der Landschaft Boiotien überhaupt, beginnt mit der Einwanderung der aiolischen Boioter und dem kurz darauf erfolgenden Untergang des heroischen Königthums in Theben. Zu dieser Zeit, in welcher die Sagen- und Mythenbildung ihr Ende erreichte, hatte die sagenberühmte Stadt, eine der ältesten Culturstätten Griechenlands, bereits eine viel bewegte Vergangenheit hinter sich, die jedoch, durch eine Fluth von Sagen und dichterischen Ueberlieferungen bedeckt, keinen sicheren Boden zur Erforschung der ältesten Geschichte gewährt. Sicher ist, dass in jenen frühesten Zeiten Theben häufig seine Bewohner wechselte. Der hauptsächlichste Grund dafür ist in der glücklichen Lage der Stadt zu suchen. Mitten in der Landschaft Boiotien, da, wo die letzten Ausläufer des Kithairon sich in eine überaus fruchtbare, getreidereiche Ebene verlieren[1]), breitete sich auf mässigen Hügeln die alte sagengefeierte, siebenthorige Stadt aus, von den Bächen Ismenos und Dirke durchflossen, reich an frischen, anmuthigen Quellen, rings umgeben von zahlreichen Gärten,

---

[1]) Strabon (rec. Meineke 1877) IX, 2, 24 p. 409. Cf. Bursian, Geographie von Griechenland I p. 225.

grün und lieblich von Anblick, durch Klima und Bodenbeschaffenheit von der Natur reich begünstigt.[1] Diesen gesegneten Landstrich sollen nach einander Ektenen, Hyanten und Aonen bewohnt haben, kleine Völkerschaften, von denen wir nicht viel mehr als die blossen Namen wissen.[2] Länger hielten sich die Kadmeier. Ihnen gelang es, eine dauernde Herrschaft über einen grossen Theil der Landschaft, die nach ihnen Kadmeis genannt wurde[3], zu begründen und sich im Besitz derselben zu behaupten trotz ihrer zahlreichen Feinde: der mächtigen Minyer in Orchomenos, des räuberischen Kriegerstammes der Phlegyer, der Thraker, der Euboier und Argeier. Endlich mussten auch sie weichen, als 60 Jahre nach dem troischen Kriege, wie Thukydides (I, 12) berichtet, die Boioter in die Landschaft eindrangen, welche nach ihnen den Namen Boiotien erhielt.

Damit gewann die mythische Zeit Thebens, die, durch die Dichtung vielfach verherrlicht, glänzend hervortritt, ihren Abschluss.

Die aiolischen Boioter hatten ursprünglich in der Gegend von Arne in Thessalien ihre Wohnsitze gehabt, waren jedoch von den thesprotischen Thessalern besiegt und nach Süden gedrängt worden.[4]

Nachdem sie, unter Führung ihres Herzogs Opheltas und des Priesters Peripoltas[5], zunächst dem Reiche der Minyer ein Ende gemacht hatten, gründeten sie in der fruchtbaren Ebene von Koroneia ein neues Arne.[6]

---

[1] [Dikaiarchos] περὶ τῶν ἐν Ἑλλάδι πόλεων bei Müller FHG. II p. 258—259.
[2] Pausan. IX, 5, 1 (ed. Schubart 1875).
[3] Strab. IX, 2, 3 p. 401: ἡγούμενοι τῶν πλείστων Βοιωτῶν. Thuk. I, 12: πρότερον δὲ Καδμηΐδα γῆν καλουμένην ᾤκισαν.
[4] Herod. VII, 176. Thuk. I, 12.
[5] Plut. Kim. c. I.
[6] Otfr. Müller, Orchomenos und die Minyer (2. Ausg. v. Schneidewin 1844) p. 385; cf. Bursian I p. 201.

Von hier aus zog ein grosser Theil der Boioter unter Opheltas nach Theben[1]), besiegte die Thebaier und besetzte die Stadt, welche durch ihre fruchtbaren Ebenen, durch ihre alten hochberühmten Heiligthümer und durch den Glanz ihrer Vergangenheit vor allen anderen zur Besitznahme anlockte.

Wie in den übrigen Theilen der Landschaft, so traten auch hier die Boioter als Eroberer auf und zwangen den grössten Theil der Bewohner, ihre Heimath zu verlassen.[2]) Deshalb finden wir nirgends eine Spur von einem Stande, welcher demjenigen der Heloten in Sparta oder dem der Penesten in Thessalien ähnlich wäre, wohl aber haben wir sichere Kunde von dem Vorhandensein einzelner, hervorragender kadmeiischer Geschlechter, die zurückgeblieben waren und zur Unterscheidung von den eingewanderten Boiotern unter dem Namen Thebageneis zusammengefasst wurden.[3]) Nach dem Ansehen zu schliessen, welches diese Geschlechter, zu denen die Aigeiden[4]), die Cleonymiden[5]), die autochthonen Spartoi[6]) u. a. gehörten, noch in später Zeit in hohem Maasse genossen, so wurden dieselben unter gewissen Beschränkungen als gleichberechtigt in die Stammesgenossenschaft der in Theben sich niederlassenden Boioter

---

[1]) Die Dynastie der Opheltiaden in Theben endigte bereits mit dem Urenkel des Opheltas: Paus. IX, 5, 16.

[2]) Die Kadmeier wanderten aus nach Lemnos, Samothrake, nach den Küsten von Aiolis, nach Priene und Tenedos. Cf. O. Müller l. c. p. 390.

[3]) Diod. XIX, 53. — Die von Ephoros (Müller FHG. I p. 239) gegebene Worterklärung ist entschieden falsch.

[4]) Cf. Böckh, Explicat. ad. Pind. Pyth. XI p. 338.

[5]) Das Geschlecht der Cleonymiden, welche ihre Abstammung bis auf die Labdakiden zurückführten, war durch edle Gesinnung und kriegerische Tugend von Alters her vor allen anderen in Theben angesehen und geehrt. Cf. Böckh, Explicat. ad Isthm. III p. 499.

[6]) Paus. VIII, 11, 8: Epaminondas aus dem Geschlechte der Spartoi; nach Plut. Pelop III ein $\gamma\acute{\epsilon}\nu o\varsigma$ $\epsilon\grave{v}\delta\acute{o}\varkappa\iota\mu o\nu$.

aufgenommen; es ist sehr wahrscheinlich, dass diese Thebageneis ursprünglich zur Entrichtung eines Tributes verflichtet waren, woraus mit der Zeit die religiöse Verpflichtung entstand, dass sie zu gewissen Zeiten einen goldenen Dreifuss in den Tempel des Ismenischen Apollon, dessen Adyton dadurch zu einem ‚Schatzhaus goldner Tripoden'[1]) wurde, bringen mussten.[2]) Diese eingeborenen Geschlechter waren es, welche jene überreiche Fülle von heimischen Sagen bewahrten und fortpflanzten.

Von Theben aus vollzog sich allmählich die Unterwerfung der übrigen Theile der Landschaft. Zuletzt wurden die südlich und östlich gelegenen Landstriche, die Gegenden um Plataiai, Tanagra, Oropos erobert und besiedelt und zwar geschah dies durch die Thebaier. Diese für die Beurtheilung der Stellung Thebens zum boiotischen Bunde und namentlich zu Plataiai überaus wichtige aber wenig beachtete Thatsache, welche immerhin angezweifelt werden könnte, wenn sie nur von einem thebaiischen Redner, der das Verfahren Thebens gegen Plataiai rechtfertigen will, geltend gemacht würde (Thuk. III, 61), erhält durch eine Stelle des Ephoros ihre vollkommene Bestätigung.[3])

Da nun anzunehmen ist, dass die Thebaier auch bei der Eroberung anderer Gegenden der Landschaft sich besonders betheiligten, so machte Theben, wenn es die Herrschaft über die boiotischen Städte beanspruchte und mit jener dem boiotischen Charakter eigenthümlichen Zähigkeit und Ausdauer durchzusetzen versuchte, nicht ausschliesslich das Recht des Stärkeren, wie man anzunehmen geneigt ist, sondern wohlerworbene Ansprüche geltend, die bereits in alter Zeit bestimmt formulirt und von den boiotischen Städten all-

---

[1]) Pind. Pyth. XI, 4.
[2]) Schol. zu Pind. Pyth. XI, 5 und Didymos zum ersten Pindar. Paean (bei Böckh, Explicat p. 573, frgm. 15).
[3]) Ephoros bei Müller FHG. I p. 239 frgm. 26.

gemein anerkannt worden waren.¹) Während es jedoch den Athenern und Spartanern schon in früher Zeit gelang, die Herrschaft über ihre Landschaft zu erringen und damit den Grund zu ihrer späteren Macht zu legen, so mühte sich Theben Jahrhunderte hindurch vergeblich ab, Boiotien zu centralisiren. Das einzige, die autonomen Städte zusammenhaltende Band, war die Fest- und Opfergemeinschaft, welche sie bei dem Heiligthum ihrer heimischen Göttin, der itonischen Athene, in der Ebene von Koroneia vereinigte. Dort wurden später die periodisch wiederkehrenden Pamboiotia gefeiert.

Da sich jedoch zur erfolgreichen Bekämpfung äusserer Feinde, namentlich ihrer mächtigen Nachbarn, der Athener, die Nothwendigkeit eines gemeinsamen Vorgehens geltend machte, so entwickelte sich aus der ursprünglich nur amphiktyonischen Verbindung eine politische Gemeinschaft, die den Charakter eines Staatenbundes trug und aus den autonomen, einander gleichberechtigten boiotischen Städten bestand, unter welchen Theben sich lange Zeit mit dem Range eines Vorortes begnügen musste.

Selbstständige Glieder dieses Bundes waren nur die grösseren Städte, die kleineren Ortschaften gruppirten sich in verschiedenem Abhängigkeitsverhältniss um eine grössere und mächtigere Stadt. Theben vereinigte etwa den dritten Theil²), ungefähr 18 Quadratmeilen der ganzen Landschaft, unter seine Botmässigkeit. Dabei ist zu unterscheiden, ob die Ortschaften des thebaiischen Gebietes vollkommen unterwürfig und lediglich Theile des Stadtgebietes waren, oder ob sie den Thebaiern nur zu einem Matrikularbeitrage verpflichtet und ihre nothwendigen Bundesgenossen waren, aber eigene Verwaltung hatten.³)

---

[1] Thuk. III, 61: οὐκ ἠξίουν οὗτοι, ὥσπερ ἐτάχθη τὸ πρῶτον ἡγεμονεύεσθαι ὑφ' ἡμῶν.

[2] Nach der Spezialkarte bei O. Müller Orch.

[3] Diese letzteren sind sehr wahrscheinlich die ξύμμοροι, welche von Thuk. IV, 93 erwähnt werden. Cf. Classen ad. h. l.

Zu den ersteren gehörten die in unmittelbarer Nähe der Stadt gelegenen Orte: Kynoskephalai[1]), Potniai[2]), Therapnai[3]), Schoinos[4]), Glissas[5]), Peteon[6]) und Teumessos[7]); ξύμμοροι waren Akraiphiai (oder Akraiphia) mit dem Ptoon[8]), in dieser Zeit auch Hyria[9]), ferner Knopia[10]), Hylai[11]), Delion[12]), sowie die ganze Parasopia mit den Orten: Hysiai, Erythrai, Skolos und Eteonos[13]); schliesslich Kalydna[14]) und Ismene[15]), beide von unbestimmter Lage.

In dem südlichsten Theile ihres Gebietes grenzten die Thebaier mit der Landschaft Attika. Es ist daher erklärlich, dass sie schon in früher Zeit mit ihren mächtigen Nachbarn, den Athenern, in Grenzstreitigkeiten geriethen. Bei dem ersten Zusammentreffen handelte es sich um den Besitz des späteren attischen Demos Melainai. Der Streit soll durch einen Zweikampf entschieden worden sein, in welchem der thebaiische König Xanthos, der Urenkel des

---

[1]) Kynoskephalai lag hart an der Stadt, wie sich aus der Vergleichung zweier Stellen des Xenoph. ergiebt (Hell. V, 4, 15 u. Agesil. II, 22). Von O. Müller l. c. p. 397 u. nach ihm von Francke, der böotische Bund. Wismar 1843, p. 17 fälschlich unter die ξύμμοροι gesetzt.
[2]) Strab. IX, 2, 24 p. 409 u. IX, 2, 32 p. 412.
[3]) Strab. IX, 2, 24 p. 409.
[4]) Strab. IX, 2, 22 p. 408.
[5]) Strab. IX, 2, 31 p. 412.
[6]) Strab. IX, 2, 26 p. 410.
[7]) Strab. IX, 2, 24 p. 409.
[8]) Strab. IX, 2, 34 p. 413. Paus. IX, 23, 5. Herod. VII, 135.
[9]) Strab. IX, 2, 12 p. 404.
[10]) Von O. Müller l. c. p. 397 und Francke, der böot. Bund p. 17 nicht genannt, von Strabon jedoch ausdrücklich zum Gebiete Thebens gerechnet: IX, 2, 10 p. 404.
[11]) Strab. IX, 2, 20 p. 408.
[12]) Herod. VI, 118.
[13]) Strab. IX, 2, 24 p. 409.
[14]) Steph. Byz. u. Κάλυδνα.
[15]) Steph. Byz. u. Ἰσμήνη.

Opheltas, von Melanthos besiegt wurde. Die Athener sollen zum Danke dem Melanthos die Königswürde übertragen haben; für die Thebaier hingegen wurde der unglückliche Ausgang des Kampfes der Anlass zum Sturze und zur Abschaffung des Königthums.[1])
Diese wichtige Verfassungsänderung fand demnach in Theben viel früher statt als in den meisten übrigen Städten Griechenlands.

An die Stelle des Königthums trat ohne Zweifel eine erbliche Aristokratie der Hippeis[2]), welche in Boiotien besonders zahlreich sein musste, da ja die Boioter aus den weiten, fruchtbaren, für die Rossezucht überaus günstigen Ebenen Thessaliens gekommen waren. Zur Eroberung der neuen Heimath hatte diese Ritterschaft, auf welcher in den Kriegen jener frühesten Zeit immer die Hauptstärke beruhte[3]), das Meiste beigetragen und sich dadurch die Berechtigung erworben, bei der Vertheilung des Landes an erster Stelle bedacht zu werden. Mit dem grösseren Grundbesitz erlangte der ritterliche Adel auch eine bevorzugte und einflussreiche politische Stellung im Staate. Theben, mit seinen, von der Stadt aus nördlich und östlich sich erstreckenden, für die Rossezucht trefflich geeigneten Ebenen[4]), begünstigte vor allen anderen Städten Boiotiens die Ausbildung eines starken ritterlichen Adels, der noch bis in die späte Zeit diesen Charakter sich bewahrte.[5]) So lange diese kriegerische

---

[1]) Ephor. (im 2. Buch der *Βοιωτιακά*) bei Müller FHG. I p. 239, frgm. 25. Paus. IX, 5, 16. Strab. (aus Ephor.) IX, 1, 7 p. 393.

[2]) Paus. IX, 5, 16. Cf. Aristot. Pol. (ed. Susemihl 1879) VI, 3, 2 (IV, 3 Bekker).

[3]) Aristot. l. c. Cf. VII, 4, 3 (VI, 7).

[4]) [Dikaiarchos] sagt vom thebaiischen Gebiet: *ἱπποτρόφος ἀγαθή*: Müller FHG. II, p. 259.

[5]) Bezeichnend dafür sind die Epitheta, deren schon Pindar sich bedient: *φιλάρματος πόλις* (Isthm. VII, 20; ed. Tycho Mommsen); *πλάξιππος Θήβα* (Ol. VI, 85); *εὐάρματε Θήβα* (frgm. 104); *λεύκιπποι Καδμείων ἀγυιαί* (Pyth. IX, 83) u. a.

Ritterschaft den Staat leitete, war sie bestrebt, die Herrschaft Thebens über alle boiotischen Städte auszudehnen. Dadurch aber machten sich die Thebaier bei ihren Stammesgenossen, welche die durch die Natur des Landes begünstigte Selbstständigkeit ihrer Städte und ihres Gebietes zu wahren suchten, tief verhasst. So wird uns berichtet, dass bereits in jener Zeit lediglich aus Hass gegen die Thebaier, Eleutherai vom boiotischen Bunde abfiel und den Athenern sich anschloss.[1] Für diese musste jene Stadt besonders wichtig sein, da sie, noch diesseits von dem die natürliche Grenze zwischen Attika und Boiotien bildenden Kithairon gelegen, den Zugang zu dem Engpass Dryoskephalai[2] und damit die Strasse von Attika nach Boiotien beherrschte.[3]

Von nicht geringerer Wichtigkeit war der Grenzplatz Panakton[4], der wahrscheinlich zum Gebiete Thebens gehörte, da sich dasselbe südlich über den Asopos bis zu dem Kithairon erstreckte. Um den Besitz Panaktons entspann sich zwischen den Athenern und den Thebaiern ein heftiger, unentschieden bleibender Kampf.

Noch zur Zeit des peloponnesischen Krieges machten die letzteren alte Abmachungen geltend, durch welche bestimmt worden sei, dass keine von beiden Parteien jenen Ort besitzen solle.[5]

Nach diesen Kämpfen vergeht eine Zeit von mehr als 300 Jahren, über die jede geschichtliche Nachricht fehlt. Nur Hesiod lässt uns in die Zeit, ungefähr vier Jahrhunderte nach der Einwanderung der Boioter, wenige flüchtige Blicke thun, die jedoch mehr in culturhistorischer als in politischer Beziehung einige Aufschlüsse geben. Sicher ist, dass im Laufe jener Jahrhunderte nicht nur in der Heimath des He-

---

[1] Paus. I, 38, 8.
[2] Herod. IX, 39.
[3] Cf. Bursian I, 249.
[4] Bursian I, 250.
[5] Thuk. V, 42, 1.

siod, sondern auch in Theben und in den übrigen boiotischen Städten die Aristokratie ausgeartet war und einen harten Druck auf den Demos übte. Diesem Zustande machte in Theben die Gesetzgebung des Philolaos ein Ende. Damit beginnt zugleich das Halbdunkel, welches bis zu diesem Zeitpunkte über der älteren Geschichte schwebt, sich allmählich aufzuhellen. Zwar kennen wir nur wenig Bruchstücke der von Philolaos gegebenen Gesetze, doch sind uns dieselben als Zeugnisse für ein schon in so früher Zeit gesetzlich geordnetes Staatswesen werthvoll, um so mehr, da die Gesetzgebung des Philolaos eines der frühesten, mit Sicherheit datirbaren Ereignisses der ganzen griechischen Geschichte ist.

Diokles, welcher in der 13. Olympiade Sieger in Olympia gewesen war[1]), floh aus Korinth nach Theben.[2]) Philolaos, aus dem Geschlechte der korinthischen Bakchiaden stammend, folgte dem Diokles, mit dem er durch innige Liebe und Freundschaft verbunden war. Noch zur Zeit des Aristoteles zeigte man in Theben ihre Gräber nahe bei einander, das eine gegen Korinth hin, das andere von Korinth weggewendet. Man erzählte, sie hätten selbst ihr Grabmal in der Weise zu errichten angeordnet, dass von dem Grabhügel des Philolaos aus die Gegend von Korinth sichtbar sei, von dem des Diokles hingegen nicht, und zwar habe dieser aus Hass wegen des in seiner Vaterstadt Erlittenen so gelegt werden wollen.

Da Philolaos, den die Thebaier zur Wiederherstellung der gestörten staatlichen Ordnung zum Aisymneten erwählten, der streng abgeschlossenen Oligarchie der Bakchiaden in Korinth angehörte, so ist es begreiflich, dass seine Gesetzgebung vor Allem auf die Festigung des oligarchischen

---

[1]) Afric. bei Euseb. χρον. I. Ἑλλ. Ὀλ., ed. Schöne p. 196 cf. Scaligeri Ὀλ. ἀναγρ. ed. Scheibel 1852 p. 7.
[2]) Ueber das Folgende s. Aristot. Pol. II, 9, 6. 7 (II, 12).

Regimentes, das im Laufe der Zeit in tiefe Zerrüttung gerathen war, abzielte.

Im Verlauf der Jahrhunderte hatte innerhalb der herrschenden Classe die Ungleichheit des Grundbesitzes immer mehr zugenommen: der eine Theil der adlichen Geschlechter war verarmt, der andere hatte, durch Erbschaft, Heirath oder auf andere Weise übermässig bereichert, sich zu einem engeren, ausschliesslich zur Uebernahme von Staatsämtern berechtigten Kreise zusammengeschlossen. Ohne Zweifel erhob sich der in seinen Rechten gekränkte, verarmte Theil des Adels gegen diese Oligarchie, zumal er an dem rechtlosen Demos eine willige Stütze finden musste. Diesen Zuständen, wie sie aus den von Philolaos zur Abhülfe gegebenen Bestimmungen zu schliessen, in Theben vorhanden waren, sollte die Gesetzgebung des Philolaos ein Ende machen.

Um zunächst den verarmten Adel wieder in seine alten Rechte einzusetzen, ordnete er eine Wiederausgleichung des Grundbesitzes an, durch welche die unmittelbar aus der Eroberung des Landes hervorgegangene Vertheilung des Grundeigenthums möglichst wieder hergestellt werden sollte.[1]
Damit nun für die Zukunft diese Vertheilung des Grund-

---

[1] Aristot. Pol. II, 9, 7 (II, 12) betont ausdrücklich, dass der Zweck der νόμοι θετικοί des Philolaos der war, die Zahl der Ackerloose in Zukunft unverändert zu erhalten. Daraus geht hervor, dass drückende, der Abhülfe bedürfende Uebelstände vorhanden waren. Offenbar bestanden dieselben darin, dass im Laufe der Zeit durch Vereinigung mehrerer Ackerloose in einer Hand auf der einen Seite übermässige Bereicherung, auf der anderen Verarmung der Geschlechter eingetreten war. Da es nun nicht Absicht des Philolaos sein konnte, diese Uebelstände durch gesetzliche Bestimmungen dauernd zu machen, so ist man zu der Annahme berechtigt, dass er, ähnlich wie es dem Lykurgos u. a. zugeschrieben wird, gleichfalls eine frische Aufteilung des Grund und Bodens vorgenommen hat.

Deshalb ist es nicht nothwendig, an der zwar gut überlieferten, aber im Zusammenhang mit dem Vorhergehenden unhaltbaren Lesart: Φιλολάου (für Φαλέου) δ' ἴδιον ἡ τῶν οὐσιῶν ἀνομάλωσις (Aristot.

besitzes sich unverändert erhalte, gab Philolaos Adoptionsgesetze (*νόμοι ϑετικοί*)¹), auf Grund deren, um der Vereinigung mehrerer Ackerloose in einer Hand vorzubeugen, ein kinderloser Inhaber eines Ackerlooses verpflichtet war, sich einen noch nicht mit einem Kleros versehenen männlichen Erben zu bestimmen. Wenn aber die Absicht des Gesetzgebers dahin ging, die Zahl der Landparzellen unverändert zu erhalten, so ist als sicher anzunehmen, dass auch die Unveräusserlichkeit des Grundbesitzes gesetzlich angeordnet wurde.

Dem Bakchiaden Philolaos wird ferner allgemein ein Gesetz zugeschrieben²), nach welchem nur diejenigen Bürger zur Verwaltung von Staatsämtern fähig sein sollten, welche sich 10 Jahre lang des Betriebes eines Handwerks oder des Handels enthalten hatten.³) Durch dieses Gesetz wäre allen denjenigen der Eintritt in die herrschende Classe gestattet worden, welche im Besitze eines Vermögens waren, das ihnen gestattete, ohne Sorgen müssig zu sein; mit anderen Worten: die Berechtigung zur Theilnahme an den Staatsgeschäften wurde an die Erreichung eines hohen Census geknüpft; damit aber wäre die bisherige strenge Aristokratie

---

l. c. II, 9, 8 (II, 12) festzuhalten. Bekker (und nach ihm Stahr, Susemihl u. a.) haben mit Recht *Φαλέου* in den Text aufgenommen. — Francke l. c. p. 33 nimmt ohne Weiteres die Lesart *Φιλολάου* als richtig an!

¹) Aristot. Pol. l. c. Unter diesen *νόμοι ϑετικοί*, die Aristot. als *νόμοι περὶ παιδοποιίας* bezeichnet, verstehen O. Müller (p. 402) u. a. Gesetze, welche Bestimmungen über die Beschränkung der Kinderanzahl enthalten hätten. Diese Auffassung erscheint deshalb bedenklich, weil Aristot. da, wo er wirklich von derartigen Gesetzen spricht (Pol. II, 3, 6—8 [II, 6]) den Ausdruck *τεκνοποιία* braucht. Ausserdem sprechen dagegen Zusammensetzungen wie *ἀτεκνία* (Pol. l. c.) und *πολυτεκνεῖν* (Pol. II, 7, 5 [II, 10]).

²) Von Otfr. Müller p. 402. Klütz, de foedere Boeotico 1821, p. 21. Koppius p. 54. Francke p. 34.

³) Aristot. Pol. III, 3, 4 (III, 5) cf. VII, 4, 5 (VI, 7).

in eine Timokratie umgewandelt worden. Dem Philolaos, der, von den herrschenden Geschlechtern zum Gesetzgeber gewählt, nur zu ihrem Gunsten seine Gesetze gab, dem Mitglied der korinthischen Bakchiaden-Oligarchie, eines so streng abgeschlossenen Geschlechterregimentes, wie es kaum irgendwo in Griechenland sich wiederfindet, muss ein solches Gesetz abgesprochen werden[1]. — Dagegen dürfte mit vollem Rechte die Feststellung der Machtbefugnisse eines der einflussreichsten Magistrate Thebens, des Polemarchen, auf Philolaos zurückzuführen sein. Zur Zeit der Bakchiaden-Oligarchie hatte der korinthische Polemarch nicht nur im Kriege, sondern auch in Friedenszeiten das Recht, einen Bürger ergreifen und in das Gefängniss werfen zu lassen.[2] In Theben hatte der Polemarch ganz dieselbe Amtsbefugniss[3]), eine Uebereinstimmung, die sich dadurch erklärt, dass der Korinther Philolaos auch diese heimische Institution durch seine Gesetzgebung nach Theben übertrug.

Wahrscheinlich ist es, das Philolaos auch die Jugenderziehung regelte. Nach Plutarch[4]) bildete einen wesentlichen Theil derselben, schon in alter Zeit durch Gesetze vorgeschrieben, das Flötenspiel, durch welches die unbändige Heftigkeit und der trotzige Uebermuth der thebaiischen Jugend gemildert werden sollte. Ferner bestimmte ein Gesetz aus früher Zeit, dass immer je zwei und zwei Jünglinge aus edlem Geschlechte sich nach freier Wahl enger zusammenschliessen sollten[5]): nach Analogie der heroischen

---

[1]) Dieses Gesetz gehört in die Zeit nach den Perserkriegen, wie später nachzuweisen sein wird.

[2]) Nicol. Damasc. bei Müller FHG. III p. 391: ὁ δὲ (sc. Κύψελος πολεμαρχήσας) οὔτε καθεῖρξέ τινα πολίτην, οὔτε ἔδησεν, was ausdrücklich als abweichend von einer unter den Bakchiaden bestehenden Einrichtung hervorgehoben wird.

[3]) Xenoph. Hell. V, 2, 30.

[4]) Plut. Pelop. c. 19.

[5]) Plut l. c.

Kampfesweise wurde der eine von ihnen ἡνίοχος, der andere παραβάτης genannt¹), beide leisteten einander über dem Grabhügel des Jolaos den Eid der Treue.²) Diese Einrichtung, aus welcher die ‚heilige Schaar' hervorging, hatte den Zweck, sowohl in der Palaistra, als auch besonders in der Schlacht einen regen Wetteifer der durch innige Freundschaft Verbundenen zu entflammen.³) Schliesslich wird auf Philolaos das in Theben bestehende Verbot der Kinderaussetzung⁴) zurückgeführt. Wer zu arm war, um sein Kind zu ernähren, durfte es bei Todesstrafe nicht aussetzen, sondern musste es der Obrigkeit bringen, die es zur Pflege und Erziehung jedem überliess, der das Geringste⁵) dafür zahlte. Dafür wurde das Kind sein Sclave.

Auf die Gesetzgebung des Philolaos folgt wieder ein längerer Zeitraum, über welchen uns nur sehr dürftige Nachrichten zu Gebote stehen.

Innerlich gekräftigt, befestigte Theben während dieser Zeit nicht nur seinen Einfluss auf die boiotischen Städte, sondern wusste sich auch in ganz Hellas und, wie unverkennbare Spuren zeigen, selbst ausserhalb Griechenlands einen geachteten Namen zu erwerben.

In der 25. Olympiade trug zum ersten Mal ein Thebaier,

---

¹) Diod. XII, 70.
²) Aristot. (aus der πολιτεία Θηβαίων) Müller FHG. II, p. 143 frgm. 111.
³) Cf. Plut. l. c. — Die Athener benutzten dieses ursprünglich gewiss edle Verhältniss zu der gehässigen Nachrede der Paiderastie.
⁴) Aelian. Var. Hist. II, 7 (ed. Hercher, Paris 1858).
⁵) Aelian. l. c. ἀποδίδονται τὸ βρέφος τῷ τιμὴν ἐλαχίστην δόντι. Die Erklärer dieser Stelle erwarten allgemein das Gegentheil (τιμὴν μεγίστην) und gerathen dabei auf sehr gezwungene und gekünstelte Deutungen der überlieferten Worte, z. B. Francke l. c. p. 35. Es erscheint einleuchtend, dass für ein Kind, welches die Mühen und Kosten der Auferziehung in Aussicht stellte, nur sehr wenig geboten wurde; der thebaiischen Obrigkeit, die offenbar aus der Unterbringung solcher Kinder kein gewinnbringendes Geschäft zu

Namens Pagondas, im Wagenkampfe zu Olympia den Sieg davon[1]), darauf errang in der 41. Olympiade wieder ein Thebaier, Kleondas, den Siegespreis im Wettlauf[2]); solche Siege trugen, besonders in der älteren Zeit, wesentlich dazu bei, das Ansehen einer Stadt zu erhöhen.

Nicht lange nach diesem letzten Siege, ungefähr zu Anfang des 6. Jahrhunderts, trat Theben mit dem mächtigen Tyrannen Kleisthenes von Sikyon in Beziehung.

Wie Herodot (V, 67) erzählt, wollte derselbe aus Hass gegen die Argeier, mit welchen er Krieg führte, den Cultus des argeiischen Heros Adrastos aus Sikyon entfernen. Er schickte deshalb nach Theben und bat um ein Bild des dort verehrten Heros Melanippos, der nach dem Mythos der ärgste Feind des Adrastos war. Die Thebaier gingen auf die Bitte des Kleisthenes ein. Dieser stellte das Bild jenes Heros im Prytaneion zu Sikyon auf und verdrängte so den Cultus des Adrastos. Unter dieser wenig glaubhaften Erzählung scheinen sich politische Beziehungen zwischen Sikyon und Theben zu verbergen; vermuthlich bemühte sich Kleisthenes,

---

machen, sondern nur das Leben des Kindes zu sichern beabsichtigte, genügte das geringste Angebot, weil sie lediglich die Form eines rechtlichen Kaufes gewahrt wissen wollte. Denn da diese Kinder, wie aus der Stelle hervorgeht, von freien Eltern stammten, so konnten sie aus dem Stande der freien Geburt in den der unfreien nicht ohne Weiteres und ohne alle Form übergehen (zumal bei der, die äussere Form stark betonenden Rechtsanschauung der Alten). Dem Magistrat genügte schon die geringste Summe, da durch Erlegung derselben das ursprünglich freigeborene Kind in der Form eines rechtlichen Kaufes in das volle, rechtliche Eigenthum desjenigen überging, der das Kind annahm und dem es später als Sclave dienen musste. Viel deutlicher würde die Stelle, wenn vor dem Worte ἐλαχίστην ein καί stünde, das ja in der handschriftlichen Ueberlieferung leicht ausfallen konnte.

[1]) Paus. V, 8, 3 cf. Scaligeri 'Ολ. ἀναγρ. ed. Scheibel p. 13 und Afric. bei Euseb. χρον. I. ῾Ελλ. 'Ολ. (Euseb. chron. lib. II ed. A. Schöne p. 195).

[2]) Afric. bei Euseb. l. c. p. 200 cf. Scalig. l. c. p. 24.

die Thebaier für eine Bundesgenossenschaft gegen die Argeier, die alten Feinde Thebens, zu gewinnen.

Offen um die Gunst der Thebaier bewarb sich Kroisos. Als er die Tempel der hervorragendsten griechischen Städte freigebig beschenkte, sandte er auch nach Theben einen massiv goldenen Schild und Speer. Herodot sah dieses reiche Geschenk zu Theben im Tempel des Ismenischen Apollon.[1]) Noch bedeutender wurde ohne Zweifel das Ansehen und die Macht der Thebaier, als es ihnen gelang, das ganze südliche Hellas von einer drohenden Gefahr zu befreien.[2]) Um das Jahr 580 (cf. Plut. l. c.) drangen nämlich die Thessaler, unter Führung des Lattamyas, von Norden her gegen Hellas vor, um sich dort neue Wohnsitze zu erkämpfen. Schon waren sie bis in die Gegend von Thespiai gekommen und belagerten die Bewohner dieser Stadt in ihrer Bergfeste Keressos, da gelang es den Thebaiern, im Bunde mit den übrigen Boiotern, die Thessaler bei Keressos völlig zu besiegen. Nach Verlust ihres Führers Lattamyas wurden sie wieder nach Norden zurückgedrängt.

Nach diesem Siege machten die Thebaier, wie die einige Zeit darauf mit Plataiai sich entspinnenden Zwistigkeiten zeigen, nachdrücklicher und rücksichtsloser ihre Ansprüche auf die Herrschaft über die boiotischen Städte geltend, um endlich den von jeher mit Zähigkeit verfolgten Plan, die ganze Landschaft politisch zu centralisiren, zu verwirklichen. Diesen Bestrebungen konnten sie sich um so eifriger hingeben, da sie von Peisistratos, der in den Thebaiern mächtige Bundesgenossen zur Aufrechterhaltung seiner vielangefochtenen Herrschaft zu gewinnen hoffte, unterstützt wurden.

---

[1]) Herod. I, 52. — Die Schenkungen hatten nicht blos einen religiösen Grund; cf. Niebuhr, Vortr. über alte Gesch. I, 111.

[2]) Plut. Camillus c. 19 cf. [Plut.] de Herod. malign. c. 33. Plut. (Cam.) stellt die Schlacht bei Leuktra mit der bei Keressos zusammen, da in beiden die Hellenen durch die Thebaier vor Unterjochung bewahrt worden seien! Cf. Paus. IX, 14, 2.

Als derselbe nach seiner ersten Vertreibung in Eretria sich aufhielt und verschiedene Staaten um Beistand zur Wiedererlangung seiner Gewaltherrschaft bat, waren es besonders die Thebaier, welche vor allen anderen Staaten durch Gewährung reichlicher Geldmittel sich auszeichneten und so für frühere durch Peisistratos ihnen geleistete Unterstützungen ihren Dank bezeugten.[1]

Gewiss erhielten sich die freundschaftlichen Beziehungen zwischen Theben und Athen auf die ganze Dauer der Tyrannis der Peisistratiten; aber sogleich nach Vertreibung des Hippias, als der Demos die Oberhand gewann, zeigte sich auch wieder offen die feindselige Gesinnung der Athener gegen den aufstrebenden, oligarchischen Nachbarstaat, der ihnen, falls es ihm gelang, Boiotien zu einem Ganzen zu verschmelzen, sehr gefährlich zu werden drohte. Deshalb nahmen sie in dem Streite, welcher im Jahre 509[2] zwischen Theben und Plataiai zum Ausbruch kam, gegen die Thebaier Partei.

Plataiai, eine der bedeutendsten Städte des boiotischen Bundes, leistete den Bestrebungen Thebens hartnäckigen Widerstand, während die Thebaier gerade gegen diese Stadt

[1] Herod. 1, 61.
[2] Nach Thuk. III, 68 geschah dies im Jahre 519. Grote, Geschichte Griechenlands übertragen v. Meissner B. II. p. 456 setzt das Ereigniss aus schwerwiegenden Gründen, die durch Curtius keineswegs widerlegt erscheinen, in die Zeit nach der Vertreibung des Hippias (510). Zu den von Grote angeführten Gründen muss noch hinzugefügt werden, dass es nicht wahrscheinlich ist, dass i. J. 519 Hippias gegen dieselben Thebaier zu Felde zog, welche seinem Vater zur Wiedererlangung der Herrschaft bereitwillig verholfen hatten. Grote nimmt an, dass ein Irrthum des Thuk. vorliege, oder dass Herod. die Thatsachen nicht richtig beschrieben habe. Viel einfacher ist es, eine Verderbniss der bei Thuk. angegebenen Zahl anzunehmen. Diese konnte an unserer Stelle sehr leicht entstehen, wie nachgewiesen hat: G. Busolt, Die Lakedaemonier und ihre Bundesgenossen, Leipzig 1878 Bd. I, p. 307.

mit besonderer Strenge verfuhren, da sie von ihnen aus besiedelt worden war und von Anfang an die Hegemonie Thebens anerkannt hatte.[1]) Zu offenen Feindseligkeiten kam es jedoch erst, als Grenzstreitigkeiten ausbrachen, weil die Thebaier das Land am rechten Ufer des Oberlaufes des Asopos beanspruchten.[2]) Da die Plataier voraussahen, dass sie für sich allein der Uebermacht der Thebaier nicht gewachsen seien, so sahen sie sich nach Hülfe um. Der nächste Weg wäre gewesen, dieselbe bei den boiotischen Bundesgenossen zu suchen, bei welchen sie ohne Zweifel auf grosse Bereitwilligkeit rechnen konnten, da die meisten eine gleiche Abneigung gegen Theben hegten. Dass sie diesen Weg nicht betraten, sondern ohne Weiteres fremde Hülfe in Anspruch nahmen, beweist nur, dass es in der Absicht der Plataier lag, sich vom Bunde loszusagen. Mit Recht konnten die Thebaier diesen Abfall der Plataier als einen Verrath des Bundes und der Stammverwandtschaft betrachten. Aus diesem Grunde ist das spätere Verfahren Thebens gegen die abtrünnige Bundesstadt zwar rücksichtslos und hart, aber doch nicht so widerrechtlich, als man anzunehmen geneigt ist.

Zunächst wandten sich die Plataier an den spartanischen König Kleomenes, welcher auf dem Heimwege nach Sparta begriffen war, nachdem er in Athen vergeblich versucht hatte, der Partei des Isagoras zur Herrschaft zu verhelfen.[3]) Die Lakedaimonier nahmen die Plataier nicht an, weil, wie sie vorschützten, die weite Entfernung zwischen Sparta und Plataiai eine immer rechtzeitige Hülfeleistung unmöglich machen würde. Der wahre Grund der Abweisung ist wohl darin zu suchen, dass sie, als die allzeitigen Beschützer des oligarchischen Principes, nicht zu Feinden der Thebaier werden wollten. Zugleich gaben sie den Plataiern

---

[1]) Ueber Plataiai: Münscher, De rebus Plataeensium 1841. O. Friedrich, Rerum Plataicarum specimen 1841.
[2]) Herod. VI, 108; cf. Thuk. III, 55 u. Paus. IX, 6, 1.
[3]) Ueber das Folgende cf. Herod. VI, 108.

den Rath, sich an die Athener zu wenden, in der Absicht, wie Herodot berichtet, die beiden hervorragendsten Staaten Mittelgriechenlands zu verfeinden, um auf diese Weise leichteres Spiel gegen Athen zu haben, ein Verfahren, welches mit der sonstigen Politik Spartas wohl vereinbar ist.[1]) Dem Rathe der Lakedaimonier gemäss begaben sich die Plataier nach Athen und liessen sich dort, da die Athener gerade das Fest der zwölf Götter feierten, auf dem Altar derselben als Schutzflehende nieder. Die Athener hielten die Gelegenheit für günstig, der wachsenden Macht Thebens Einhalt zu thun und gingen deshalb sogleich auf das Ansuchen der Plataier ein. Als die Thebaier von diesen Verhandlungen Kunde erhielten, zögerten sie nicht gegen Plataiai vorzurücken; die Athener thaten dies gleichfalls und schon standen die beiden Heere einander schlagfertig gegenüber, da gelang es den Korinthern, von beiden Theilen als Schiedsrichter anerkannt, den Streit auf friedlichem Wege zu schlichten. Sie entschieden dahin, dass die Thebaier diejenigen, welche nicht zum boiotischen Bunde gehören wollten, frei geben sollten; um sie aber einigermaassen zu entschädigen, bestimmten sie, dass das Land auf dem rechten Ufer des Asopos, südlich nach Plataiai zu, zum Gebiete von Theben gehören solle. Durch die erstere Entscheidung der Korinther musste Thebens Hegemonie in Boiotien mit einem Schlage vernichtet, sowie das Bestehen des boiotischen Bundes selbst in Frage gestellt werden. Da die Thebaier allein an Macht den Athenern nicht gewachsen waren, so fügten sie sich nothgedrungen dem Schiedsspruch. Als aber die Athener abgezogen waren, gelang es ihnen, unter den Boiotern schnell ein Heer zu sammeln und durch sie verstärkt, überfielen sie die heimkehrenden Athener, wurden jedoch vollständig besiegt und über den Asopos zurückgetrieben, den sie nunmehr als Grenze ihres Gebietes gegen

---

[1]) Thuk. III, 55. Diod. XI, 81 cf. Justin. III, 6.

Plataiai hin anerkennen mussten.¹) Zugleich nahmen die Athener an der östlichen Grenze des plataiischen Gebietes das zur Parasopia gehörige Städtchen Hysiai in Besitz, da dieser Platz wegen seiner Lage in der Nähe des Dryoskephalai-Passes strategisch wichtig erschien.

Obgleich Thebens Ansehen innerhalb des boiotischen Bundes durch die gegen die Athener erlittene Niederlage und durch die Entscheidung der Korinther tief erschüttert war, behauptete es sich dennoch an der Spitze des Bundes und schon nach wenig Jahren finden wir die Thebaier, von den Bundesgenossen, insbesondere von Tanagra, Koroneia und Thespiai auf das kräftigste und bereitwilligste unterstützt²), zu einem neuen Krieg gegen die Athener bereit. Derselbe hatte sich im Jahre 506 unter Verhältnissen entsponnen, die eine gänzliche Besiegung und Demüthigung Athens fast zur Gewissheit machten. Zu jener Zeit wurden nämlich die Athener, in Folge vorhergegangener Abmachungen, zu gleicher Zeit von drei Seiten angegriffen.³) Von Westen her fielen Kleomenes und Demaratos mit einem zahlreichen Heere von Lakedaimoniern und Bundesgenossen in Attika ein, von Norden drangen die Boioter und Chalkidier vor, diese auf der westlichen Seite, jene auf der östlichen, indem sie Hysiai und Oinoe nahmen, welche zu beiden Seiten des Kithairon lagen und den Dryoskephalai-Pass beherrschten. In dieser bedrängten Lage suchten die Athener sich zunächst der mächtigsten Feinde, der Lakedaimonier, zu entledigen; diese aber zogen, noch bevor es zum Kampfe kam, wieder ab, da Zwistigkeiten in dem Heere ausgebrochen waren. Dadurch wurde es den Athenern möglich, sich mit ihrer gesammten Macht gegen die Chalkidier zu wenden, zuvor aber erfochten sie über die Boioter, die sich mit den Chal-

---

¹) Die Parasopia am Mittellauf des Flusses blieb nach wie vor thebaiisches Gebiet.
²) Herod. V, 79.
³) Herod. V, 74 ff. Diod. X, 24.

kidiern vereinigen wollten, einen glänzenden Sieg, tödteten viele von ihnen und machten 700 zu Gefangenen. Diese wurden gefesselt, eingekerkert und später erst gegen Lösegeld frei gegeben. Welche Erbitterung in Athen gegen die Boioter und namentlich gegen die Thebaier herrschte, zeigt sich deutlich darin, dass die Fesseln der Gefangenen in der Akropolis aufgehängt und dort zur bleibenden Erinnerung an die ruhmreiche Besiegung der Feinde aufbewahrt wurden.[1]) Ausserdem liessen die Athener aus dem Zehnten des Lösegeldes von der Beute ein Viergespann anfertigen mit einer stolzen, wahrscheinlich von Simonides verfassten Inschrift.

Nach dieser Niederlage mussten die Boioter, wie es scheint, die zu Anfang der Perserkriege bereits zum Gebiete Athens gehörige Stadt Oropos[2]) an die Athener abtreten, für welche dieser Platz wegen des Verkehres mit Euboia sehr erwünscht war. Mit dieser Stadt verloren die Boioter abermals ein nicht unbedeutendes Glied ihres Bundes und die Thebaier insbesondere eine ihrer Pflanzstädte. Trotz dieser Misserfolge wurde der Krieg fortgesetzt. Dabei ist zu bemerken, dass Herodot[3]) in der Erzählung des weiteren Verlaufs des Kampfes immer die Thebaier als Handelnde einführt, während er vorher die Boioter im Allgemeinen als Kriegführende nennt. Daraus ist keineswegs der Schluss zu ziehen, dass die Thebaier jetzt auf eigene Faust den Krieg fortsetzten, wohl aber dass dieselben wieder an der Spitze des Bundes standen und dass die Bundesgenossen ihrer Leitung sich willig überliessen.

Zunächst befragten die Thebaier das delphische Orakel, auf welche Weise es möglich sei, an den Athenern Rache zu nehmen. Die Antwort lautete, sie sollten diejenigen,

---

[1]) Herodot sah die Fesseln: V, 77.
[2]) Herod. VI, 100; cf. Thuk. II, 23. Ueber diese Stadt: Bohnstedt, De rebus Oropiorum 1845. L. Stacke, De Oropo Boiotiae urbe 1842.
[3]) Herod. V, 79 ff.

welche ihnen die Nächsten seien, um Hülfe bitten. Nachdem diese Antwort, dem Gebote des Orakels, gemäss vor die Volksversammlung gebracht worden war und die nahe liegende Deutung, den Orakelspruch auf die nächsten Nachbarn der Thebaier zu beziehen, verworfen werden musste, da diese während des ganzen Krieges bereitwillige Hülfe geleistet hatten, erklärte endlich ein kluger Thebaier aus der Versammlung den Spruch dahin, dass unter diesen ‚Nächsten' die Aigineten zu verstehen seien, die nach dem Mythos mit den Thebaiern durch enge Verwandtschaft verknüpft waren. Diese Deutung fand um so bereitwilligere Annahme, als sie Hoffnung gab, die damals mächtigen Aigineten[1]) zu Verbündeten zu gewinnen. Von den Thebaiern um Beistand angerufen, vermieden dieselben, sogleich den Krieg gegen die Athener zu beginnen, indem sie zunächst die Bilder ihrer Stammheroen, der Aiakiden, zur Unterstützung nach Theben sandten. Da die Thebaier trotzdem nicht glücklicher im Kampfe als vorher waren, so schickten sie die Bilder der Aiakiden wieder zurück und baten von Neuem um Hülfe. Die Aigineten waren jetzt bereit, den Krieg gegen die Athener aufzunehmen, weil sie von Alters her bereits mit denselben verfeindet waren, vor allen Dingen aber, weil sie fürchten mochten, dass die Stadt Athen, welche nach Beendigung der Verfassungskämpfe und der Reform des Kleisthenes einen kräftigen Aufschwung genommen hatte, bald auch zur See mächtig werden und ihren wichtigsten Interessen, dem Handel, schaden konnte. Ohne vorher den Athenern den Krieg anzukündigen, griffen sie mit ihrer Flotte den Hafenplatz Phaleron an und verwüsteten mehrere attische Demen längs der Küste. Als nun die Athener, die unterdessen im Norden ihrer Landschaft gegen die Thebaier gekämpft hatten, sich anschickten, gegen die Aigineten zu Felde zu ziehen, rieth ihnen das delphische Orakel, ohne Zweifel von den

---

[1]) Herod. V, 81 εὐδαιμονίη μεγάλῃ τε ἐπαρθέντες.

Lakedaimoniern beeinflusst, noch 30 Jahre mit dem Beginne des Krieges zu warten.¹) Trotzdem wäre bereits jetzt der Krieg gegen Aigina entbrannt, wenn die Athener nicht zurückgehalten worden wären durch die drohende Haltung der Lakedaimonier, die eine Bundesversammlung der dorischen Staaten nach Sparta zusammenberufen hatten und versuchten, die Bundesgenossen für den Plan einer Wiedereinsetzung der Tyrannis in Athen zu gewinnen.²) Ob nun die Athener nach dem Scheitern des Planes der Lakedaimonier die Feindseligkeiten gegen die verbündeten Thebaier und Aigineten wieder aufnahmen, wird zwar nicht berichtet, ist aber immerhin sehr wahrscheinlich. So viel ist sicher, dass die Thebaier im Besitz von Hysiai, welches sogleich am Anfang des Krieges ihnen von den Athenern entrissen worden war, sich behaupteten³), Oinoë hingegen blieb attisch. Wenn die Thebaier in der Zeit bis zur ersten Invasion der Perser von neuen Verlusten und Niederlagen verschont blieben, so hatten sie dies lediglich ihren mächtigen Bundesgenossen, den Aigineten, zu danken, die fortwährend mit ihrer Flotte die Athener im Süden ihrer Landschaft bedrohten. Deshalb waren die Thebaier bemüht, die freundschaftlichen Beziehungen zu Aigina beständig zu erhalten. Wie lebhaft dieselben waren, zeigen die Gedichte des Pindar. Aus keinem anderen griechischen Staate finden wir so viele Sieger in seinen Dichtungen verherrlicht, als gerade aus Aigina und nicht selten weist der Dichter in diesen Liedern auf die bestehende Bundesgenossenschaft hin, indem er besonders die mythische Verwandtschaft beider Staaten immer wieder betont.⁴) Deutlich bekundet sich ferner das freundschaftliche Verhältniss zwischen Theben und Aigina da-

---

¹) Herod. V, 89.
²) Herod. V, 90—91.
³) Kurz vor der Schlacht bei Plataiai ist Hysiai wieder thebaiisch: Herod. IX, 25.
⁴) Pind. Nem. IV, 20 ff.; Isthm. VII, 16; cf. Isthm. V, 27 ff.

durch, dass an den Herakleien oder Jolaien genannten Kampfspielen, welche die Thebaier zu Ehren der von ihnen am meisten verehrten Heroen Herakles und Jolaos feierten, auch Aigineten von vornehmer Geburt Theil hatten.[1]

## Zweiter Abschnitt.
## Theben zur Zeit der Perserkriege.

### Capitel I.
### Die Parteien in Theben und die Gründe des Bündnisses mit den Persern.

Die unglückselige Politik Thebens während der hellenischen Freiheitskriege erklärt sich aus den inneren Zuständen dieser Stadt.

Bei dem conservativen Charakter der zum grössten Theil Ackerbau treibenden Bevölkerung Thebens und seines Stadtgebietes, konnte länger als zwei Jahrhunderte seit der Gesetzgebung des Philolaos die Aristokratie ungestört in der Herrschaft sich behaupten. Doch war der Kreis dieser herrschenden Klasse mit der Zeit enger geworden, so dass sie, im Verhältniss zu dem bei weitem zahlreicheren Demos, in der Minderzahl war und so eine immer enger werdende Oligarchie bildete.

Wie in allen griechischen Staaten, Sparta ausgenommen, so stand auch in Theben den bevorrechteten Geschlechtern der Demos gegenüber. Je mehr innerhalb desselben im Laufe der Zeit zu Wohlstand gelangten und je strenger sich die herrschende Klasse abschloss und eine drückende Herrschaft übte, desto eifriger strebte der Demos danach, das

---
[1] Nem. IV, 19—25 (cf. Böckh, Explicat. ad. Ol. VII p. 175).

Recht der Theilnahme an der Staatsleitung zu erlangen.
Die Gegensätze schärften sich, nachdem seit Durchführung
der demokratischen Reformen des Kleisthenes die benach-
barte Stadt einen kräftigen Aufschwung genommen hatte
und dadurch zur Nachahmung verlockte. Zu offenen Unruhen und Parteikämpfen kam es jedoch erst, als Theben
vor die verhängnissvolle Entscheidung gestellt war, für die
allen Hellenen gemeinsame Sache zu kämpfen oder im Bunde
mit den Persern gegen dieselbe. Nun erklärte sich je nach
ihrem Sonderinteresse die eine der beiden Parteien für die
nationale Sache, während die andere sich auf die Seite der
Perser stellte.[1]) Diese Partei wurde durch die adlichen
Geschlechter gebildet[2]), an ihrer Spitze standen als Führer
Attaginos, Timagenidas und einige andere, deren Einfluss
vor allen Dingen auf ihren grossen Reichthum sich gegründet
zu haben scheint.[3]) Wenn nun die Thebaier (in der Rede
bei Thuk. III, 62) behaupten, dass lediglich eine Dynastie
weniger einflussreicher Männer die Schuld trage, dass Theben
mit den Persern gemeinschaftliche Sache gemacht habe, so
ist diese Behauptung im Munde der Thebaier eine Ueber-
treibung und lediglich ein Versuch, die Gesammtheit der
Bürgerschaft gegen den Vorwurf des Medismos zu vertheidigen. Eine wirkliche Dynastie, die Aristoteles[4]) als ein

---

[1]) Diod. XI, 4, 7: καὶ Θηβαίων ἀπὸ τῆς ἑτέρας μερίδος ὡς τετρα-
κόσιοι· διεφέροντο γὰρ οἱ τὰς Θήβας κατοικοῦντες πρὸς ἀλλήλους
περὶ τῆς πρὸς τοὺς Πέρσας συμμαχίας.
[2]) Herod. IX, 67. Plut. Arist. c. 18 und c. 19. Paus. IX, 6, 1.
[3]) Attaginos, einer der Führer der oligarchischen Partei ([Plut.]
de malign. Herod. c. 31) giebt den persischen Führern ein glänzen-
des Gastmahl (Herod. IX, 16). — Bei der Belagerung Thebens nach
der Schlacht bei Plataiai wollen sich die Führer freiwillig ausliefern,
da sie im Vertrauen auf ihren Reichthum die feste Zuversicht hegen,
bei einem gerichtlichen Verfahren die Richter durch Bestechung für
sich gewinnen zu können: Herod. IX, 87—88.
[4]) Aristot. Pol. VI, 5, 1 (IV, 5).

vielköpfiges Tyrannenthum charakterisirt, kann zu jener Zeit unmöglich bestanden haben, da es undenkbar ist, dass die altadlichen Geschlechter den ihre alten Rechte unterdrückenden Dynastien sich mit solcher Hingebung und Aufopferung anschlossen, wie sie es gegenüber dem Attaginos und Timagenidas thaten, die eben nur Parteiführer waren und wahrscheinlich zu jener Zeit ein hervorragendes Amt bekleideten. Nach wie vor bestand in Theben eine Oligarchie[1]), in welcher alle Mitglieder der adlichen und zugleich begüterten Geschlechter gleiches Anrecht auf Theilnahme an der Verwaltung und Leitung des Staates hatten (ὀλιγαρχία ἰσόνομος Thuk. III, 62) und daher auch alle gleichmässig dem andrängenden Demos gegenüber ihre uralten Rechte zu vertheidigen suchten. Auf die ungefähre Stärke dieser Adelspartei lässt sich aus der Angabe schliessen, dass allein in der Schlacht bei Plataiai 300 ihrer Anhänger den Tod fanden.[2])

Weit zahlreicher war die demokratische Partei, doch wenig mächtig gegenüber den adlichen Geschlechtern, die sich im ausschliesslichen Besitz der Staatsämter und der Leitung des ganzen Staatswesens befanden. Denn da es in Theben wenig Sclaven und gar keine Hörigen gab[3]), so finden wir hier einen besonders zahlreichen freien Demos, der sich in der Hauptsache aus den kleinen Grundbesitzern, den Handwerkern und Lohnarbeitern zusammensetzte. Diese zwar freie, aber von allen Staatsämtern ausgeschlossene Bürgerschaft sympathisirte naturgemäss mit der Demokratie

---

[1]) Paus. IX, 6, 1 bezeichnet die zur Zeit der persischen Invasion in Theben bestehende Staatsform als ὀλιγαρχία, meint aber damit, wie aus dem Zusammenhang der Stelle deutlich hervorgeht, eine Tyrannis oder Dynastie: Er folgt der Darstellung des thebaiischen Redners bei Thuk. III, 62.
[2]) Herod. IX, 67.
[3]) Otfr. Müller in Ersch und Grubers Encycl. Theil XI, s. v. Böotien, p. 272.

Athens und bildete eine Partei, die wohl weniger aus nationaler Gesinnung, als aus Opposition gegen die bevorrechtete, medisch gesinnte herrschende Klasse sich auf die Seite der Hellenen stellte. Sie war zwar der oligarchischen Partei nicht gewachsen, doch fügte sie sich dem Willen der Mächtigeren nicht ohne vorhergegangene Kämpfe, die am heftigsten in der Zeit vor dem Kampfe bei Thermopylai, während des Heranzuges des Xerxes, gewesen zu sein scheinen. Auf diese inneren Unruhen bezieht sich eine Stelle des Pindar, in welcher der Dichter den Frieden herbeisehnt:

τὸ κοινόν τις ἀστῶν ἐν εὐδίᾳ τιθεὶς
ἐρευνασάτω μεγαλάνορος Ἀσυχίας τὸ φαιδρὸν φάος,
στάσιν ἀπὸ πραπίδος ἐπίκοτον ἀνελών,
πενίας δότειραν, ἐχθρὰν κουροτρόφον.[1]

Wenn hier Pindar, der dem Geschlechte der Aigeiden, einem der edelsten und angesehensten in Theben, angehörte, die öffentliche Ruhe anempfiehlt, so missbilligt er im Grunde genommen die Bestrebungen des gegen die medisirende Oligarchen-Partei aufständigen Demos. Unter Berufung auf diese Stelle macht daher Polybios (IV, 31, 6) dem Dichter den Vorwurf, dass er, wie seine Standesgenossen, medisch gesinnt gewesen sei. Eine Bestätigung dieses Urtheils über die politische Gesinnung Pindars ist darin zu erblicken, dass der Dichter die demokratische Partei nicht selten mit scharfen, tadelnden Worten bezeichnet[2], während er die Herrschaft der Aristokratie ganz offen als die beste Regierungsform anerkennt.[3] Darum ist anzunehmen, dass Pindar nicht nur seiner Geburt sondern auch seiner Gesinnung nach der

---

[1] Tycho Mommsen, Pindari carmina. Berol. 1864, frgm. 125 Böckh 86). Ueber die betr. Stelle handelt Böckh, Indd. lectt. Berol., aest. 1831.

[2] λάβρος στρατός u. a. Cf. Tycho Mommsen, Pindaros. Kiel 1845. p. 52.

[3] Pind. Pyth. X, 70 ff.

oligarchischen Partei angehörte[1]), nur dass er nicht engherzig wie seine Standesgenossen, sich einer besseren Einsicht verschloss; die Verdienste Athens um die Erhaltung der hellenischen Freiheit erkennt er später willig an.

Fragen wir nun nach den Gründen, durch welche die oligarchische, die Politik Thebens in der Zeit der Freiheitskriege leitende Partei bestimmt wurde, sich den Persern mit einer Hingebung und Aufopferung anzuschliessen, welche einer besseren Sache würdig war, so lassen sich folgende anführen.

Der Hauptgrund lag in dem Streben der adlichen Geschlechter, ihre socialen und politischen Vorrechte und damit die Herrschaft, die sie Jahrhunderte hindurch unbestritten besessen hatten und deren Aufhebung ihnen als die härteste Bedrückung erscheinen musste, dem verhassten Demos gegenüber zu behaupten. Dies war durch einen Anschluss an die athenische Demokratie unmöglich zu erreichen, wohl aber konnten sie die zuversichtliche Hoffnung hegen, dass der Grosskönig, welcher mit seinem gewaltigen Heere die geringe hellenische Macht voraussichtlich erdrücken musste, sie nicht allein in ihrer Herrschaft innerhalb Thebens bestätigen, sondern auch zugleich die Jahrhunderte hindurch vergeblich erstrebte Verwirklichung der letzten Ziele ihrer Politik, die boiotischen Städte sämmtlich unter Thebens Botmässigkeit zu bringen, möglich machen würde. So verwerflich auch bei der Gefährdung der Freiheit von ganz Griechenland eine derartige, nur selbstsüchtige Sonderinteressen verfolgende Politik sein mochte, so verdient doch die thebaïische Oli-

---

[1]) Wenn übrigens Bergk (Poet. lyr. Gr. edit. quartae vol. I Lips. 1878 p. 415 frgm. 110) Recht hat, dass die Verse:

γλυκὺ δ' ἀπείροισι πόλεμος πεπειραμένων δέ τις
ταρβεῖ προσιόντα νιν καρδίᾳ περισσῶς —

demselben Gedicht angehören wie das oben citirte frgm. 125 (bei T. Mommsen), so würde Pindar ganz offen seine Landsleute warnen, an dem Kriege der Hellenen gegen die Perser theilzunehmen.

garchie keine grössere Verachtung, als die Adelspartei, die
in allen übrigen griechischen Staaten ebenfalls medisch gesinnt
war und gleich den Thebaiern eine Oligarchie unter
persischer Oberhoheit sich als Ziel gesteckt hatte. Am offenkundigsten
tritt diese Partei in den thessalischen Aleuaden,
aber auch in Athen, der Vorkämpferin für die hellenische
Freiheit, zu Tage; Anhänger dieser Partei waren es, die zur
Zeit der Schlacht bei Marathon durch die Erhebung eines
glänzenden Schildes auf dem Pentelikos sich in Einverständniss
mit den Persern zu setzen versuchten[1]), und die
kurz vor dem Beginn der Schlacht bei Plataiai im hellenischen
Lager eine Verschwörung anstifteten, um mit den
Persern gemeinschaftliche Sache zu machen.[2])

Bestimmend für die perserfreundliche Haltung des thebaiischen
Adels war ferner der bis in die ältesten Zeiten
zurückgehende Hass gegen die Athener. Durch Abstammung
Sinnesart, Verfassung, Mundart waren die Thebaier völlig
von ihren Nachbarn verschieden. Schon früh richtete sich
die Spottlust der geistig bei weitem regsameren Athener gegen
die niedere Bildung und geistige Schwerfälligkeit der Boioter
und insbesondere der Thebaier. Am bekanntesten ist jenes
Sprüchwort von dem boiotischen Schwein[3]), das sicher von
Athenern herrührte. Dazu kommt, dass die Thebaier in den
Kämpfen gegen Athen wiederholt die Unterliegenden gewesen
waren und beträchtliche Theile des boiotischen Bundesgebietes
an die Athener verloren hatten, die jede Gelegenheit
wahrnahmen, durch Unterstützung der gegen den thebaiischen
Principat sich auflehnenden boiotischen Städte, die
Macht Thebens zu schwächen. Seit den letzten Kämpfen
besonders musste sich die feindselige Stimmung zu einem
Hasse gegen die Athener steigern, der um so erbitterter

---

[1]) Herod. VI, 124 ff.
[2]) Plut. Arist. c. 13.
[3]) Pind. Olymp. VI, 89. 90

war, da sie sich nicht mächtig genug fühlten, um Rache
nehmen zu können: der Abfall Plataiai's und der unglückliche Kampf gegen die Athener hatte das Ansehen Thebens
als Bundeshauptstadt stark erschüttert, das thebaiische Gebiet war durch die Athener verringert worden, kurz darauf
erlitten sie wieder eine demüthigende Niederlage; noch hingen
auf der Akropolis zu Athen als prunkende Siegeszeichen die
Fesseln der in jener unglücklichen Schlacht zahlreich zu
Gefangenen gemachten Boioter, unter denen sich gewiss nicht
wenige Thebaier befanden, die jetzt, mochten sie selbst oder
ihre Väter jene entehrenden Fesseln getragen haben, die
ihnen angethane Schmach zu sühnen hofften. Bereitwillig
schlossen sie sich dem Perserkönig an, dessen Absicht, wie
sie wussten, vor Allem dahin ging, die Sieger von Marathon
zu züchtigen. Verblendet durch ihren, bei den vielfach erlittenen Demüthigungen und Niederlagen leicht begreiflichen
Hass, erblickten sie in dem bevorstehenden Kampfe nicht
einen Nationalkampf für die Freiheit ganz Griechenlands,
sondern lediglich eine günstige Gelegenheit, an den Athenern
Rache zu nehmen.[1]) Wie lebhaft die Erbitterung gegen die
Athener war, geht deutlich daraus hervor, dass der thebaiische Adel in der Schlacht bei Plataiai sich absichtlich
den Athenern gegenüber stellte und erst nach einem langen
und heissen Kampfe den Rückzug antrat.

Ein entscheidender Grund für den Medismos der Thebaier war ferner die durch ganz Griechenland verbreitete
Furcht vor den heranziehenden gewaltigen persischen Heeres-

---

[1]) Dass die Feindseligkeiten unter den einzelnen griechischen
Staaten von entscheidendem Einfluss waren auf die Wahl, für oder
gegen die Perser zu kämpfen, lässt sich daraus erkennen, dass die
Phokeer lediglich deshalb nicht medisirten, weil ihre verhasstesten
Feinde, die Thessaler, auf Seiten der Perser standen (Herod. VIII, 30)
und dass ebenso die Argeier aus Hass gegen die Spartaner sich nicht
am Kampfe gegen die Perser betheiligten (Herod, VII, 148—150).

massen, welchen Boiotien eher als andere Staaten von Mittel- und Süd-Hellas ausgesetzt war.¹)

Schliesslich waren von nicht zu unterschätzender Einwirkung die persönlichen Einflüsse, die von Hippias und dem flüchtigen, am Hofe des Grosskönigs weilenden spartanischen Königs Demaratos ausgingen. Derselbe stand nach einer Nachricht, die in Zweifel zu ziehen kein Grund vorliegt, in enger, freundschaftlicher Beziehung zu dem Thebaier Attaginos, den er für die Sache des Perserkönigs zu gewinnen wusste.²) Ohne Zweifel durch grosse Versprechungen verlockt, wurde er der eifrigste Parteigänger der Perser, das Haupt der medisirenden Oligarchen-Partei in Theben.

Die übrigen boiotischen Städte medisirten gleichfalls, ohne dass dabei an einen Druck zu denken ist, den etwa Theben, vermöge seiner vorherrschenden Stellung im Bunde, hätte ausüben können; herrschten doch wie in Theben, so auch in den übrigen Städten Boiotiens die adlichen Geschlechter, welche die gleichen Interessen mit den thebaiischen Oligarchen verbanden und eine gleiche Politik befolgen liessen. Zur Sache der Hellenen hielten allein Plataiai, welches nicht mehr zum boiotischen Bunde zu zählen ist, und die Stadt Thespiai, deren Verhalten sich daraus erklärt, dass hier die politischen Zustände von den zu Theben bestehenden wesentlich abwichen. Hier bestand seit alter Zeit eine Dynastie von sieben Geschlechtern, aus denen die Demuchen gewählt wurden.³) Dass diese im Interesse der Befestigung und Erhaltung ihrer Herrschaft persisch gesinnt waren, ist kaum zu bezweifeln; da jedoch hier der Demos durch diejenigen adlichen Geschlechter, welche von der Theilnahme an der Regierung ausgeschlossen waren, verstärkt wurde, so mussten die regierenden Geschlechter der weit überlegenen

---

¹) Polyb. IV, 31, 6.
²) [Plut.] De malign. Herod. c. 31.
³) Diod. IV, 29.

Partei nachgeben. Dazu kam noch, dass Theben und Thespiai von Alters her verfeindet waren.[1]

## Capitel II.

### Die Thebaier bei Thermopylai.

Nach Betrachtung der das Verhalten Thebens in der Zeit der Perserkrieger bedingenden inneren politischen Zustände, kehren wir zurück zur Erzählung der Schicksale der Stadt während des hellenischen Freiheitskrieges.

Als zum ersten Male im Jahre 493 persische Gesandte durch Griechenland zogen und im Namen des Königs Erde und Wasser forderten, sagten viele Städte des griechischen Festlandes und fast alle Inseln ihre Unterwerfung zu. Wenn nun unter den letzteren besonders Aigina hervorgehoben wird, das mit den Thebaiern durch eine enge Bundesgenossenschaft verknüpft war und sogar ihnen zu Liebe[2] wenige Jahre nachher die schlimmsten Feinde Thebens, die Athener, von Neuem angriff, so kann man mit Sicherheit annehmen, dass die Thebaier dem Beispiele ihrer Bundesgenossen folgten und bereits bei der ersten Invasion sich auf die Seite der Perser stellten.

Nachdem die athenische Demokratie in der Schlacht bei Marathon einen glänzenden Sieg erfochten hatte, wurden die Reibungen der Parteien in Theben heftiger.

Mit Widerwillen sah die Adelspartei den glänzenden Erfolg des demokratischen Athen; dies geht deutlich aus dem Siegeslied hervor, welches Pindar kurz nach der Schlacht bei Marathon für den Alkmaioniden Megakles in Athen verfasste. In diesem Gedichte hebt Pindar nirgends jene That

---

[1] Paus. IX, 14, 2.
[2] Herod. VI, 87.

des attischen Demos hervor, ein Schweigen, das hinreichend die feindselige Stimmung gegen die Demokratie Athens kennzeichnet.[1]) Handelnd trat Theben erst in der Zeit der zweiten Invasion der Perser in den Vordergrund.

Sobald die Kunde von dem Aufbruch des persischen Heeres unter Xerxes nach Griechenland gelangte, traten Abgeordnete aller hellenischen Staaten, die zum Widerstande entschlossen waren, zu einem Congress auf den Isthmos zusammen. Die Thebaier betheiligten sich nicht an demselben, vielmehr sicherten sie den persischen Gesandten, welche im Frühling des Jahres 480 abermals das Land durchzogen, ihre Unterwerfung zu.[2]) Hierin bekundete sich jedoch lediglich die Gesinnung der oligarchischen Partei, keineswegs der gesammten Bürgerschaft: nach einer kaum zu bezweifelnden Nachricht zogen sogar um dieselbe Zeit zur Besetzung des Passes von Tempe mit anderen Hellenen auch 500 Thebaier unter Führung des Mnamias aus[3]), welche ohne Zweifel, gleich den 400 Thebaiern bei Thermopylai, der demokratischen Partei angehörten. Aus diesem Grunde gaben die verbündeten Griechen die Hoffnung nicht auf, die Thebaier für ihre Sache zu gewinnen. Sie legten besonderen Werth darauf, den Anschluss dieser Stadt zu bewirken, weil sie mit ihr zugleich die ganze boiotische Landschaft für sich gewannen, welche bei ihrer dichten Bevölkerung[4]) ein starkes Contingent, namentlich aber eine treffliche und zahlreiche Reiterei, deren Tüchtigkeit bald nachher (in der Schlacht bei Plataiai) gegen die Griechen sich glänzend bewährte, zu stellen im Stande war. An dieser mangelte es den Verbündeten gänzlich, während anderseits die Stärke des per-

---

[1]) Pind. Pyth. VII. Cf. T. Mommsen, Pindaros p. 40.
[2]) Herod. VII, 131—132.
[3]) [Plut.] De Herod. malign. c. 31.
[4]) Boiotien hatte eben so viel Einwohner als Attika: Xenoph. Memor. III, 5, 2. Cf. Clinton, Fasti Hellenici übers. v. Krüger p. 404 ff.

sischen Heeres zum guten Theil auf der zahlreichen Reiterei beruhte. Ohne Zweifel schickte der Congress, welcher eifrig bemüht war, alle Städte des hellenischen Stammes, selbst die Hellenen auf Kreta, Korkyra und Sicilien, zu gewinnen, auch nach Theben Gesandte, um diese Stadt zum Anschluss zu bewegen. Es war vergeblich; Theben verharrte bis zum Kampfe bei Thermopylai in seiner unbestimmten und zweideutigen Stellung [1]), zumeist weil es der herrschenden Klasse nicht gelang, die hellenisch gesinnte demokratische Partei ohne Weiteres zu unterdrücken, dann aber auch, weil sie, so lange die Perser noch weit entfernt waren, es nicht für gerathen hielt, den verbündeten Griechen gegenüber sich schon jetzt offen auf die Seite der Perser zu stellen

Eben so wenig nützten Drohungen: die auf dem Isthmos versammelten Abgeordneten hatten sich eidlich verpflichtet, falls sie siegen sollten, die Abtrünnigen dem Gotte in Delphi zu weihen. [2]) Dieser Beschluss richtete sich, wie Xenophon und Polybios ausdrücklich bezeugen, gegen die Thebaier [3]), welche durch diese Drohung [4]) eingeschüchtert, ihre schwankende und unentschiedene Haltung aufgeben sollten.

Nachdem die Griechen ihre Stellungen in Tempe plötzlich aufgegeben hatten und der Weg nach Mittelgriechen-

---

[1]) Noch Leonidas ist bei seiner Anwesenheit in Boiotien in Zweifel, ob es Theben mit den Persern oder mit den Hellenen halte: Herod. VII, 205.

[2]) Herod. VII, 132. Diod. XI, 3, 3.

[3]) Polyb. IX, 39. Xenoph. Hell. VI, 3, 20 u. VI, 5, 35: danach war die Beziehung auf die Thebaier bereits sprüchwörtlich geworden: Θηβαίους τὸ λεγόμενον δὴ δεκατευθῆναι.

[4]) Gegen eine ernste Absicht spricht die damals allgemein herrschende Muthlosigkeit und die geringe Aussicht, einen solchen Beschluss jemals durchführen zu können, dann aber vor allem, dass die Verbündeten ihren Beschluss nicht zur Ausführung brachten, als sie nach der Schlacht bei Plataiai wirklich im Stande waren, die Thebaier, die eifrigsten Anhänger der Perser, zu bestrafen.

land für das Heer des Xerxes frei zu sein schien, gewann die medisirende Partei in Theben wesentlich an Einfluss.[1]

Kurz nach dem Rückzug von Tempe beschlossen die auf dem Isthmos versammelten Abgeordneten, den Pass von Thermopylai zu besetzen. Zu diesem Entschlusse bestimmte sie in erster Linie die überaus günstige örtliche Beschaffenheit jenes Passes, doch mochten sie zugleich damit die Absicht verbinden, die Staaten nördlich vom Kithairon bis nach Thermopylai, vor allen Theben mit der Landschaft Boiotien, sich zu erhalten.

Um die Thebaier, wenn nöthig, mit Gewalt zum Anschluss zu bewegen, wählte Leonidas mit seinen Truppen den Landweg, obwohl nicht lange vorher in gleichem Falle die Besatzung von Tempe zu Schiff in die Nähe ihres Bestimmungsortes gebracht worden war. Als Leonidas mit seinem Heere in Theben angekommen war, forderte er, um endlich Gewissheit über die Stellung Thebens zu erhalten, Hülfstruppen zur Vertheidigung der Thermopylen.[2]

In dieser bedrängten Lage wusste die oligarchische Partei einen für sie günstigen Ausweg zu finden: sie wählte das zu stellende Contingent aus den Anhängern der Gegenpartei[3], welche, wenn anders sie ernstlich zur Sache der Hellenen standen, der Aufforderung bereitwillig Folge leisten mussten. Auf diese Weise schaffte sich die medisirende Oligarchie bequem den gefährlichsten Theil der gegnerischen Partei aus dem Wege, indem sie zugleich auf der anderen Seite durch Gewährung des Zuzuges einen Deckmantel für ihre wahre Gesinnung gewann[4]) und in ihrer abwartenden Stellung so lange verharren konnte, bis die Perser nahe

---

[1] Diod. XI, 3, 2: καὶ Βοιωτοὶ οἱ πλείους τούτων ἀπελθόντων (sc. die Besatzung von Tempe) ἀπέκλιναν πρὸς τοὺς βαρβάρους.
[2] Herod. VII, 205.
[3] Diod. XI, 4, 7: ἀπὸ τῆς ἑτέρας μερίδος ὡς τετρακόσιοι...
[4] Herod. VII, 205: οἱ δὲ ἀλλοφρονέοντες ἔπεμπον.

genug waren, um ihnen ohne Gefahr die Hand zur Bundesgenossenschaft reichen zu können.

Das mit Leonidas ausziehende thebaiische Contingent zählte 400 Mann. Daraus darf jedoch nicht der Schluss gezogen werden, dass die hellenisch gesinnte, demokratische Partei nur aus jener geringen Anzahl bestanden habe; denn da jene 400 von Herodot zu den Hopliten gezählt werden[1]), so ist anzunehmen, dass die Ausziehenden nur derjenige Theil des Demos waren, welcher in Folge seiner Vermögensverhältnisse zum schweren Waffendienst herangezogen werden konnte; der andere, weit zahlreichere ärmere Theil des Demos blieb in der Stadt zurück und verlor an jenen 400 seine besten Vorkämpfer gegen die medisirende Oligarchie. Die übrigen boiotischen Städte schickten keine Hülfstruppen, in Uebereinstimmung mit der Gesinnung der oligarchischen Partei ihrer Bundeshauptstadt, nur die Thespier wagten es, indem sie offen mit der Politik Thebens und des Bundes brachen, mit edlem Patriotismus 700 Hopliten dem Leonidas zur Verfügung zu stellen, ohne sich zu scheuen, ihre wehrlose Stadt der Rache der Thebaier preiszugeben. Durch diese Truppen verstärkt, gelangte Leonidas mit seinem Heere nach Thermopylai.

Ueber die Einzelheiten des in jenem Engpass sich entspinnenden, ewig denkwürdigen Kampfes unterrichtet uns am ausführlichsten Herodot, dessen Erzählung auch hier einer lebhaften mündlichen Tradition folgt. Als Herodot dieselbe schriftlich fixirte, waren ungefähr 50 Jahre verflossen. In dieser Zeit musste bei der Lebhaftigkeit des griechischen Geistes die Erzählung von jenem heroischen Kampfe, die in aller Munde war, gar bald Umwandlungen, anekdotenhafte Zusätze und Uebertreibungen erfahren, durch welche man dem Bilde jenes Kampfes helle Lichter gab, die durch Hinzufügung dunkler Schatten nur noch leuch-

---

[1]) Herod. VII, 202.

tender hervortraten. Einen solchen dunklen Schatten bildet die Erzählung von dem schmachvollen Verrath der 400 Thebaier während des Kampfes bei den Thermopylen. Ohne die persönliche Wahrhaftigkeit des Herodot irgendwie in Zweifel zu ziehen, können wir dieselbe, zumeist aus inneren, in dem Bericht des Herodot selbst liegenden Gründen, auf Rechnung einer durch Parteihass beeinflussten Tradition setzen.[1])

Nach Herodot (VII, 207 ff.) befiel den grössten Theil der Hellenen Muthlosigkeit, als sie die endlosen Schaaren des Xerxes heranziehen sahen; schon jetzt wäre die Mehrzahl der Griechen abgezogen, wenn nicht die Lokrer und Phokeer, deren Länder am nächsten gefährdet waren, sich ihnen widersetzt hätten und vor allem Leonidas sie dadurch zum Bleiben bewogen hätte, dass er ihnen Hoffnung auf baldige Verstärkung machte.

Nachdem Xerxes vier Tage gewartet hatte, liess er endlich angreifen. Zwei Tage lang schlugen die Hellenen heldenmüthig die unablässig erneuten Angriffe der Perser zurück, als diese aber im Rücken der Hellenen erschienen und nicht die geringste Aussicht auf eine erfolgreiche Vertheidigung mehr vorhanden war, liessen sich die schon anfänglich muthlos gewordenen Bundesgenossen der Spartaner nicht mehr halten und zogen ab ohne den Befehl des Leonidas, in welchen Herodot selbst Zweifel zu setzen scheint.[2])

Mit den Spartanern blieben die 700 Thespier unter Führung des Demophilos freiwillig zurück. Gegen ihren Willen mussten, nach der Erzählung des Herodot, die 400 Thebaier bleiben, da sie Leonidas als Geisseln zurückhielt. Bestand aber das thebaiische Contingent, wie sicher feststeht, aus solchen, welche der hellenisch gesinnten Partei in Theben angehörten, so konnten diese unmöglich als Geisseln für die medisirende Gegenpartei dienen. Dazu kommen andere

---

[1]) Cf. Wecklein: „Die Tradition der Perserkriege" in den Sitzungsber. der Münch. Akad. 1876.
[2]) Herod. VII, 220: λέγεται δὲ ὡς αὐτός σφεας ἀπέπεμψε.

Widersprüche. Wenn Leonidas die Thebaier des Medismos für verdächtig hielt, so ist es unbegreiflich, dass er, im Rücken und in der Front von Feinden bedroht, auch noch eine beträchtliche Anzahl feindselig Gesinnter im Lager zurückzuhalten suchte und so ganz absichtlich seine eigene Gefahr vermehrte.[1] Der Lage der Verhältnisse entsprechender wäre es gewesen, wenn er jene 400 Thebaier der Bewachung der abziehenden Hellenen, falls sie wirklich des Medismos verdächtig waren, übergab.[2] Da endlich Leonidas, vom Feinde bedrängt, nicht im Stande sein konnte zu verhüten, dass die Thebaier bei der ersten sich bietenden günstigen Gelegenheit zu den Persern übergehen und so dem Grosskönig den deutlichsten Beweis ihrer perserfreundlichen Gesinnung geben würden, so lässt sich auch nicht als Grund der Handlungsweise des Leonidas anführen, dass derselbe, indem er die Thebaier zurückhielt, Theben dem Perserkönig verfeinden wollte[3], zumal Xerxes über die entschieden medische Gesinnung der herrschenden Partei Thebens durch seine Gesandten, die dort vor wenig Wochen Wasser und Erde empfangen hatten, hinreichend unterrichtet sein musste.

Die misslungene Motivirung des Zurückbleibens der Thebaier erklärt sich dadurch, dass Herodot auf irgend welche Weise das Bleiben der Thebaier musste zu begründen suchen, um die allgemein verbreitete und gern geglaubte Erzählung über ihr Verhalten im eigentlichen Kampfe bei Thermopylai möglich zu machen.

Da nicht anzunehmen ist, dass die Thebaier, wie Herodot berichtet, von Leonidas gezwungen bei Thermopylai

---

[1] Zu welchen bedenklichen Consequenzen es führt, wenn an dem unhaltbaren Bericht festgehalten wird, zeigt Duncker (Geschichte des Alterthums Bd. IV), wenn er sagt: ‚Wenn diese Thebaner ihre Waffen gegen ihn (sc. den Leonidas) wenden wollten, — es war jetzt gleich, durch wessen Hand man das Ende fand!'

[2] Cf. [Plut.] De Herod. malign. c. 33.

[3] Wie Stein zu Herod. VII, 222 annimmt

zurückblieben, so wäre vielleicht möglich, dass sie, als Bürger aus der antipersischen Partei, aus eigenem Antriebe, wie die Spartaner und Thespier blieben.[1]) Doch dann stossen wir auf einen neuen Widerspruch: nachdem die Nachricht von der Umgehung durch die Perser im griechischen Lager bekannt geworden war und der grösste Theil der Bundesgenossen sich zum Abzug rüstete, nachdem endlich auch der Seher Megistias aus dem düsteren Aussehen der Morgenopfer den Tod der Zurückbleibenden als unvermeidlich prophezeit hatte, bedeutete der Entschluss, mit den Spartanern in der unhaltbaren Stellung auszuharren, den sicheren Untergang. Wenn nun die Thebaier, obgleich es ihnen freistand, ungefährdet in ihre Heimath abzuziehen, wo sie als Abtrünnige von der hellenischen Sache bei der medisirenden Partei willige Aufnahme hoffen durften, Angesichts des sicheren Todes dennoch den festen Entschluss fassten, sich mit den Spartanern und Thespiern dem Untergang zu weihen, so ist das wenig Stunden darauf erfolgende überaus schmachvolle und feige Ueberlaufen zu den Persern, ein so plötzlicher Uebergang von heroischem Todesmuthe zur erbärmlichsten Feigheit, unerklärlich. So bleibt nur die eine Annahme übrig, dass die Thebaier mit den übrigen Bundesgenossen abzogen. Bestätigt wird dieselbe dadurch, dass andere Quellen über das Bleiben der Thebaier nichts wissen: Ephoros (bei Diodor XI, 9, 2) nennt als Zurückbleibende nur die Spartaner und Thespier; Pausanias (X, 20, 2) scheint sogar noch genaueren Quellen zu folgen, wenn er ausser den Spartanern und Thespiern auch noch 80 Mykenaier anführt, gleichwohl weiss er nichts über die Thebaier.

Ist nun die Nachricht von dem Bleiben der Thebaier als gänzlich unwahrscheinlich zu verwerfen, so fällt dann jene anekdotenhafte Erzählung von der Feigheit und der schmachvollen Uebergabe an die Perser in sich selbst zusammen.

---

[1]) Wie Grote, III, p. 74 annimmt.

Nach der Erzählung des Herodot hatten die Thebaier anfänglich, aus Zwang, wirklich gegen die Perser gekämpft[1]), nachdem aber die Spartaner und Thespier zum letzten Entscheidungskampfe auf einen innerhalb des Passes gelegenen Hügel sich zurückgezogen hatten, trennten sie sich von ihnen, liefen mit ausgestreckten Händen den Persern entgegen und baten um Schonung, indem sie betheuerten, dass sie Freunde der Perser seien, dass sie unter den ersten Erde und Wasser gegeben und nur gezwungen gegen die Perser gekämpft hätten, dies alles könnten die Thessaler im persischen Heere bezeugen. Nachdem einige von ihnen, als sie näher herankamen, getödtet worden waren, bevor die Perser das Benehmen der Thebaier völlig verstanden hatten, wurde den übrigen zwar das Leben geschenkt, doch mussten sie — für freie, hellenische Bürger eine besonders entehrende Beschimpfung — auf Befehl des Xerxes sich das königliche Zeichen auf die Stirn einbrennen lassen, wodurch sie als Sclaven des Königs gekennzeichnet wurden. Der erste, welcher sich dieser schmachvollen Behandlung unterwerfen musste, war Leontiades, der Anführer der 400 Thebaier, dessen Sohn Eurymachos später, als die Thebaier unter seiner Führung Plataiai überfielen, von den Einwohnern dieser Stadt getödtet wurde.

Die Entstehung einer derartigen Erzählung wird leicht begreiflich, wenn man bedenkt, wie gereizt die Stimmung gegen diejenigen Staaten sein musste, welche in dem Freiheitskriege auf Seiten der Feinde gestanden hatten und wie leicht aus diesem Grunde gehässige und verächtliche Nachreden Eingang und bereitwillige Verbreitung finden konnten. Da erweislich auf die Tradition der Perserkriege besonders auch der Parteihass und die Zerwürfnisse der griechischen Staaten unter sich einwirkten[2]), so können wir die Erzählung

---

[1]) Herod. VII, 233,
[2]) Wecklein l. c. p. 298 ff.

des Herodot, welche auch in den Redewendungen ganz den Charakter einer gehässigen Nachrede trägt und lediglich darauf angelegt zu sein scheint, die Thebaier allen Hellenen verächtlich zu machen, mit Recht als einen Ausfluss des Hasses der Athener gegen ihre Nachbarn betrachten.[1])

Dass Herodot, soweit seine Erzählung die Thebaier betrifft, die athenische Tradition benutzte, kann nicht auffällig erscheinen, da sein ganzes Werk eine attische Färbung hat, die an manchen Stellen sehr erkennbar hervortritt.[2])

Ferner wird auch durch die Stellung, welche jene Erzählung in dem Zusammenhang der Schilderung des Kampfes bei den Thermopylen einnimmt, sehr wahrscheinlich gemacht, dass Herodot selbst die Erzählung von dem Verhalten der Thebaier als ein unverbürgtes Gerücht hinstellen will: Nachdem er den eigentlichen Bericht über den Kampf und den Tod des Leonidas abgeschlossen, auch über die den Gefallenen errichteten Monumente und deren Inschriften gesprochen hat, bringt er in einem Anhange noch einige kleine, unverbürgte Erzählungen, für deren Wahrheit er nicht einsteht und die er deshalb mit λέγεται einleitet. Er brauchte wohl kaum zum dritten Male λέγεται hinzuzufügen, wenn er zum Schlusse in einem kleineren, besonderen Abschnitt die Erzählung von den Thebaiern anreiht, um auch diese als eine den vorhergehenden anekdotenhaften Erzählungen gleichartige und ebenso unverbürgte hinzustellen.

Ferner findet sich in der Schrift περὶ τῆς Ἡροδότου κακοηθείας unter den zuweilen kleinlichen und nichtssagenden Einwendungen gegen die Darstellung des Herodot eine Angabe, welche als entschieden glaubwürdig Beachtung verdient. Der Verfasser dieser Schrift behauptet, dass nicht

---

[1]) Nach Aeschin. c. Ctesiph. § 116 p. 508 hatten die Athener auf goldenen Schilden die Worte angebracht: „Ἀθηναῖοι ἀπὸ Μήδων καὶ Θηβαίων", worin sich die Erbitterung der Athener gegen die Thebaier deutlich genug bekundet.

[2]) Stein zu Herod. IX, 54, 5; cf. Wecklein l. c. p. 270.

Leontiades, sondern ein Anaxandros Führer der 400 Thebaier gewesen sei.[1]) Dabei beruft er sich auf die Angaben bei Nikandros von Kolophon [2]) und bei einem boiotischen Schriftsteller Aristophanes[3]), welcher eine nach der Folge der Archonten geordnete, auf urkundliche Aufzeichnungen zurückgehende Geschichte Thebens schrieb.[4]) Da der annalistische Charakter der thebaiischen Geschichte des Aristophanes auch anderweitig vollkommen bestätigt wird[5]), so wird der Name Leontiades, welchen Herodot, der mündlichen Tradition folgend, angiebt, unhaltbar gegenüber der auf urkundliche Quellen sich stützenden Nachricht des Aristophanes und damit muss zugleich die Glaubhaftigkeit der ganzen Erzählung über das Verhalten der Thebaier bei Thermopylai stark erschüttert werden. Wäre der Vater des Eurymachos, Leontiades, in Wahrheit der Anführer der 400 Thebaier gewesen, so würde es unbegreiflich sein, dass der Sohn eines so schimpflich Gebrandmarkten, des Anführers der gegen die Oligarchie sich auflehnenden, dem Demos angehörenden 400 Thebaier, dennoch zu Beginn des peloponnesischen Krieges in der the-

---

[1]) [Plut.] De Herod. malign. c. 33.
[2]) Nikandros aus Kolophon (um die Mitte des zweiten vorchristlichen Jahrhunderts) schrieb u. a. $Θηβαϊκά$ in mindestens 3 Büchern: Schol. zu Ther. v. 214 (Nicandrea ed. Schneider).
Wecklein l. c. p. 308 macht diesen Nikandros wunderbarer Weise mit zum Anführer der 400 Thebaier bei den Thermopylen! Auch Rühl in der Recension (Lit. Centralblatt 1877 No. 33) übersieht dieses Versehen Weckleins.
[3]) Müller FHG, IV, p. 337. Aristophanes ist der Verfasser von $Βοιωτιακά$ in wenigstens 2 Büchern und von $Θηβαϊκά$ gleichfalls in mindestens 2 Büchern. Um welche Zeit er gelebt, wissen wir nicht, jedenfalls wird er nicht später als Nikandros anzusetzen sein.
[4]) [Plut.] De Herodati malign. c. 33: $Ἀριστοφάνης\ ἐκ\ τῶν\ κατὰ\ ἄρχοντας\ ὑπομνημάτων\ ἱστόρησε$.
[5]) Müller FHG. IV, p. 337: Bei Steph. Byz. werden $ὅροι\ Θηβαίων$ von Aristophanes erwähnt. Nach der Charakterisirung der Schrift bei [Plut.] l. c. muss hier ohne Zweifel die leichte Aenderung von $ὅροι$ in $ὧροι$ vorgenommen werden.

baiischen Oligarchie (nach dem sicheren Zeugniss des Thukydides) einflussreich und hochangesehen sein konnte.¹)

Schliesslich dürfte als Grund gegen die Glaubhaftigkeit der herodoteischen Erzählung auch das Schweigen des Thukydides zeugen. An jener Stelle, wo die Plataier in ihrer Rede, um die Thebaier in den Augen der Spartaner herabzuwürdigen, besonders auch die persische Gesinnung derselben in den Freiheitskriegen hervorheben²), müsste man, wenn Thukydides die Erzählung des Herodot für glaubhaft hielt, eine Erwähnung des von den Thebaiern an den Lakedaimoniern begangenen schändlichen Verrathes erwarten.

Nach Eroberung der Thermopylen wurde für Xerxes der Weg nach Mittelgriechenland frei. Er zog zunächst durch Doris³), überschwemmte dann mit seinen Heeresmassen die Landschaft der Phokeer und verwüstete dieselbe. Nachdem er von Panopeus aus ein Corps nach Delphi abgeschickt hatte, drang er, dem Laufe des Kephisos folgend, mit der Hauptmacht in Boiotien ein, wo die Perser als Freunde empfangen wurden. Damit jedoch die undisciplinirten Schaaren in dieser Landschaft das gewohnte Rauben und Plündern nicht fortsetzten, wurden zum Schutz gegen sie Makedonen als Besatzung in die einzelnen boiotischen Städte gelegt.⁴)

Theben wurde ohne Zweifel das Hauptquartier des Xerxes, als dieser in Boiotien einen kurzen Halt machte.⁵) Freudig öffneten die Thebaier den Persern die Thore ihrer

---

¹) Thuk. II, 2, 3: — ἀνδρὸς Θηβαίων δυνατωτάτου. Da Eurymachos, der Sohn des Leontiades, vor dem peloponnesischen Kriege ein sehr einflussreicher Mann, also, worauf seine Theilnahme an dem Ueberfall von Plataiai hinweist, ein besonderer Feind Athens war, so vermuthet Wecklein (l. c. p. 309), dass die Feindschaft der Athener gegen die Thebaier zu einer böswilligen Erfindung gegen den Vater des Eurymachos Anlass gegeben habe.
²) Thuk. III, 54 u. 56.
³) Herod. VIII, 31 ff.
⁴) Herod. VIII, 34.
⁵) Diod. XI, 14, 2.

Stadt, jetzt endlich konnten sie offen ihre perserfreundliche Gesinnung bekennen und mit Leichtigkeit die nationalgesinnte Opposition unterdrücken; alle Hoffnungen auf die Erlangung unumschränkter Herrschaft in ihrer Stadt und über Boiotien, wenn auch unter persischer Oberhoheit, vor allen auch die Hoffnung, an den Athenern Rache nehmen zu können, schienen der Erfüllung nahe zu sein.

Zunächst veranlassten sie die Vernichtung der Städte Thespiai und Plataiai, indem sie den Perserkönig von der hellenischen Gesinnung derselben unterrichteten.[1]) Die Thespier hatten sich durch die Flucht nach dem Peloponnes der Rache der Perser entzogen, ebenso die Einwohner der Stadt Plataiai, deren Zerstörung bei der Erbitterung gegen die abtrünnige Bundesstadt die Thebaier mit besonderer Genugthuung erfüllen musste.

Bei seinem Weitermarsche schlossen sich dem Heere des Xerxes die Thebaier an der Spitze der Boioter mit ihrer gesammten Heeresmacht an[2]) und drangen mit ihm durch die unbesetzten Kithairon-Pässe in Attika ein.

## Capitel III.
### Die Thebaier bei Plataiai und die Belagerung Thebens.

Die Schlacht bei Salamis war verloren. Eilig zog sich Xerxes mit seinem Landheere durch Boiotien nach Thessalien zurück. Dort liess er unter dem Befehle des Mardonios den Kern seiner Truppen zurück, während er selbst mit den übrigen nach dem Hellespont eilte.

Trotz des Misslingens dieses Feldzuges zeigten die Thebaier keine Unzufriedenheit, sondern bewiesen sich, als Mar-

---

[1]) Herod. VIII, 50. Diod. XI, 14, 5.
[2]) Herod. VIII, 66: πανστρατιῇ ἑπόμενοι.

donios im Frühjahr 479 zum zweiten Male in Attika eindrang,
nur noch eifriger und hingebender für die Sache der Perser.
Zuvor schickte Mardonios einen Karer, Namens Mys, an die
Orakel Boiotiens und Phokis, um sich Raths zu erholen, da
die persischen Führer, zumal nach den vergeblichen Bemühungen, die Athener auf ihre Seite zu bringen, Muthlosigkeit
und Zweifel über den endlichen Erfolg beherrschte. Der
Bote kam auch nach Theben[1]) und befragte dort das Orakel
des Ismenischen Apollon und das Traumorakel des Amphiaraos. Letzteres zu befragen war keinem geborenen Thebaier
gestattet, Mys gewann deshalb durch Geschenke einen Frem-
den, der sich zum Schlafe in dem Tempel des Amphiaraos
niederlegte. Welche Prophezeiung der Gott durch einen
Traum dem Befragenden gab, weiss Herodot nicht zu sagen,
Plutarch aber erzählt, dass dem Mardonios der Tod durch
einen Steinwurf an den Kopf verkündet worden sei.[2])

Ausserdem besuchte Mys in Begleitung von drei Thebaiern, die von Staatswegen bestellt waren, die Orakelsprüche
aufzuschreiben, das im Gebiet Thebens liegende Heiligthum
des Apollon auf dem Berge Ptoon. Wunderbarer Weise be-
diente sich die Gottheit sogleich der karischen Sprache, der
Muttersprache des Mys, so dass, vom Gotte inspirirt, der die
Antwort vermittelnde Priester ihm selbst Unverständliches
reden musste.[3])

Im Frühjahr 479 verliess Mardonios seine Winterquar-
tiere in Thessalien und zog nach Süden, um wiederum in
Attika einzufallen. Als er durch Boiotien marschirte, suchten

---

[1]) Herod. VIII, 134—135.
[2]) Plut. Arist. c. 19.
[3]) Herod. VIII, 135. Herodot liess sich dies wahrscheinlich von
den Priestern auf dem Ptoon erzählen. Die genaue und zutreffende
Angabe der Lage des Tempels weist darauf hin, dass er auch dieses
berühmte Orakel besuchte. Dies ist um so wahrscheinlicher, da er
sicher in Theben war und den Tempel des Ismenischen Apollon sah:
Herod. I, 52 u. 92.

ihn die Thebaier in ihrem Gebiete zurückzuhalten, indem sie ihm Rathschläge gaben, die, wenn sie beachtet worden wären, die Niederlage von Plataiai unmöglich gemacht hätten.¹) Vor allem waren es Gründe strategischer Natur, welche die Thebaier für das Bleiben in Boiotien geltend machten. Sie wiesen mit Recht darauf hin, dass die Ebene nördlich und östlich von Theben ein günstigeres Terrain für die Verwendung seiner zahlreichen Reiterschaaren darbiete, als die gebirgige Landschaft Attika. Ferner riethen sie ihm, durch Geldspenden die einflussreichen Bürger in den einzelnen griechischen Staaten auf seine Seite zu bringen, um durch Erregung innerer Parteiungen und Zwistigkeiten den festen Zusammenhalt der Verbündeten zu lockern. Die Zuversichtlichkeit, mit welcher sie den Erfolg einer solchen Bestechung als unzweifelhaft betrachten, lässt schliessen, dass sie von der allenthalben in den griechischen Städten bestehenden persisch gesinnten Partei der adlichen Geschlechter nicht nur Kenntniss hatten, sondern auch mit ihr in Verbindung standen. — Zu seinem Verderben folgte Mardonios nicht dem klugen Rathe der Thebaier, den diese in genauer Kenntniss der Verhältnisse gaben, und voll solchen Eifers für die persische Sache erfüllt, dass sie freiwillig ihr Gebiet als Lagerplatz des zahlreichen, auch Freundesland nicht schonenden²) persischen Heeres anboten.

In Gemeinschaft mit den Thebaiern und allen übrigen griechischen Verbündeten passirte Mardonios zum zweiten Male die Kithaironpässe, welche die Athener, von den Spartanern und dem peloponnesischen Heere wiederum im Stich gelassen, für sich allein wirksam zu vertheidigen nicht hoffen konnten.

---

¹) Herod. IX, 2—3.
²) Dies beweist die Tempelsage bei Paus. IX, 25, 9: Perser dringen in das unweit der Stadt gelegene Heiligthum der Kabeiren ein, in der Hoffnung grosse Schätze zu finden. Zur Strafe dafür wurden sie wahnsinnig und stürzten sich selbst in das Meer!

Das persische Heer drang nach Athen vor und nach abermaligen erfolglosen Verhandlungen mit den flüchtigen Athenern, wurde die Stadt und ihr Gebiet von Neuem gründlich verwüstet. Mardonios hätte sich mit seinem zahlreichen Heere unmöglich lange in dem gänzlich verwüsteten Lande halten können: als die Spartaner den energischen Aufforderungen der Athener endlich Folge leisteten und mit einem starken Heere anrückten, zog er sich daher nach Boiotien zurück, indem er nicht den gewöhnlichen Weg durch den Pass von Dryoskephalai benutzte, sondern über den nordöstlichen Theil des Kithairon marschirte.[1]) Da die Wege durch diesen Theil des Gebirges, weil sie selten benutzt wurden, wenig bekannt waren, so bestellten die Boiotarchen dem persischen Heere Führer aus der zum thebaiischen Gebiet gehörigen Parasopia. In der Nähe des thebaiischen Fleckens Skolos machte Mardonios Halt und errichtete auf dem linken Ufer des Asopos ein umfangreiches Lager, das er mit Graben und Palisaden versah. Da zum Bau der umfangreichen Schanzwerke eine Menge Baumaterial nöthig war, so wurden ringsum, ungeachtet die Perser in Freundesland sich befanden, selbst die Fruchtbäume abgehauen[2]) und zur Befestigung des Lagers verwendet. Obwohl vermuthlich nicht wenige von den vornehmen Thebaiern in dieser, zu den fruchtbarsten Theilen des thebaiischen Gebietes gehörenden Gegend, ihre Besitzungen hatten, die jetzt den Verwüstungen der Perser ausgesetzt waren, so minderte dies doch keineswegs ihre Bereitwilligkeit und ihren Eifer vor und während der Schlacht bei Plataiai: der thebaiische Adel suchte sogar ein enges, freundschaftliches Verhältniss mit den persischen Führern anzubahnen. Dahin gingen vor allem die Bemühungen ihres Parteiführers Attaginos. Er war es, der den persischen

---

[1]) Herod. IX, 15.
[2]) Herod. l. c. Diod. XI, 30, 1.

Führern jenes glänzende Gastmahl gab, über welches Herodot durch einen Augenzeugen, den vornehmen Orchomenier Thersandros, vorzüglich unterrichtet ist.[1]) In diesem Bericht, dessen volle Wahrheit nicht im geringsten anzuzweifeln ist, empfangen wir ein volles Bild der lebhaften Beziehungen zwischen den Persern und dem thebaiischen Adel, zugleich aber ein Zeugniss über die Muthlosigkeit und die düstere Stimmung, welche vor der Schlacht bei Plataiai unter den persischen Heerführern und wohl auch im ganzen persischen Lager herrschte.

Nachdem Attaginos in Theben Zurüstungen zu einem glänzenden Gastmahle getroffen hatte, lud er den Mardonios mit 50 vornehmen Persern, die angesehensten Thebaier und einflussreichsten Männer aus den übrigen boiotischen Städten in gleicher Anzahl ein. Mardonios nahm die Einladung an und begab sich an dem festgesetzten Tage mit einem glänzenden Gefolge von 50 der edelsten Perser aus seinem Hauptquartier am Asopos nach der nur wenige Stunden entfernten Stadt.[2]) Auf einem der Hügel Thebens, von welchem aus die Stellungen der persischen Truppen am Asopos sichtbar waren[3]), versammelten sich die geladenen Gäste im Hause des Attaginos. Um Perser und Thebaier einander näher zu bringen und einen freundschaftlichen Verkehr anzubahnen, ordnete Attaginos als Hausherr seine Gäste in der Weise, dass jedes Lager von einem Perser und einem Thebaier eingenommen wurde. Nachdem das eigentliche Mahl beendet war, und man zum Trinken überging, wurde Thersandros von seinem persischen Nachbar in griechischer Sprache angeredet und gefragt, woher er sei. Thersandros

---

[1]) Herod. IX, 16.

[2]) Das Lager befand sich ungefähr in derselben Entfernung von Theben wie Plataiai, welches (nach Thuk. II, 5) 70 Stadien von der Stadt entfernt war.

[3]) Herod. l. c. Ein Perser sagt während des Gastmahles zu Thersandros: ὁρᾷς — τὸν στρατὸν τὸν ἐλίπομεν.

nannte ihm Orchomenos als seine Heimath. Darauf sagte der Perser: ‚Weil du mit mir an demselben Mahle und Trank theilgenommen hast, so möchte ich dir eine Erinnerung an meine Ueberzeugung hinterlassen, damit auch du, das Kommende vorher wissend, geeignete Vorbereitungen für dein Wohl treffen kannst. Siehst du hier diese schmausenden Perser und dort das am Flusse lagernde Heer, das wir vor Kurzem verliessen? Von diesen allen wirst du in kurzer Zeit nur wenige übrig bleiben sehen.' Bestürzt über diese Worte, die von dem Perser unter Thränen gesprochen wurden, forderte Thersandros seinen Nachbar auf, den Mardonios und seine vertrauten Rathgeber in Kenntniss zu setzen. ‚Freund,' erwiderte der Perser, ‚was von der Gottheit bestimmt ist, kann der Mensch nicht abwenden, auch wird Niemand meinen Worten trauen; aber viele von den Persern wissen es und folgen nur gezwungen. Das eben ist das bitterste unter den menschlichen Leiden, vieles richtig zu erkennen und doch über nichts Gewalt zu haben.'

Da dies Thersandros noch vor der Schlacht auch anderen mittheilte, so war demnach den Thebaiern bekannt, dass ein grosser Theil der Perser den Muth verloren hatte und an der Besiegung der Hellenen verzweifelte. Gleichwohl blieben sie in dem folgenden Kampfe nicht nur treue Bundesgenossen des Mardonios, sondern zeichneten sich auch vor allen anderen, selbst vor den Persern durch besondere Tapferkeit aus[1]) und waren durch die strategische Einsicht und Besonnenheit ihrer Führer Timagenidas und Asopodoros den Persern von grösstem Nutzen.[2])

Wenn es nun im Folgenden darauf ankommt, lediglich den Antheil, den die Thebaier an der Schlacht nahmen, aus

---

[1]) Herod. IX, 67.

[2]) Herod. zeigt sich über das Verhalten der Thebaier und über die Vorgänge im persischen Lager während der Schlacht bei Plataiai besonders gut und eingehend unterrichtet; vermuthlich folgte er auch hier dem Bericht eines Augenzeugen: des Orchomeniers Thersandros.

dem Ganzen herauszuheben, so ist doch unumgänglich nothwendig, auch auf den Gang des Kampfes im Allgemeinen Rücksicht zu nehmen.[1])

Bevor die Griechen heranrückten, hatte Mardonios bereits seine Stellungen in der für die starke persische Reiterei günstigen Ebene am Asopos eingenommen. Mit der Front nach Süden gekehrt, stand der linke Flügel in der Gegend von Erythrai, das Centrum bei Hysiai, der rechte Flügel erstreckte sich westlich bis in das Gebiet von Plataiai und beherrschte den Pass von Dryoskephalai, im Rücken stützte sich Mardonios auf die Stadt Theben, die mit ihren starken Festungswerken und den mit Getreidevorräthen reichlich versehenen Magazinen seine eigentliche Operationsbasis bildete.[2])

Obgleich Mardonios mit Leichtigkeit den Pass von Dryoskephalai hätte halten können, so that er dies doch nicht, da er die Hellenen, wenn anders es überhaupt zu einer Schlacht kommen sollte, durch den Pass ziehen lassen und in die Ebene herab locken musste.[3])

Die Hellenen gingen unangefochten durch die Defileen, stiegen jedoch nicht in die Ebene herab, sondern zogen sich östlich von dem Engpass am Gebirge hin bis in die Gegend von Erythrai, nicht bloss um sich gegen die Angriffe der persischen Reiterei sicher zu stellen, sondern vor allen Dingen auch, um den Pass zu schützen, durch den sie fortwährend Zuzug und Zufuhr erhielten. Auf die Wichtigkeit dieses Punktes machte zuerst der Thebaier Timagenidas aufmerksam.[4])

---

[1]) Ueber die Schlacht bei Plataiai berichten (ausser Herod.) ausführlicher: Plut. Arist. c. 11 ff. u. Diod. (Ephor.) XI, c. 30 ff.

[2]) Herod. IX. 15 u. 41; cf. Thuk. II, 90, 2.

[3]) Stein zu Herod. IX, 19 glaubt, dass die Hellenen den Pass forcirt hätten und muss in Folge dessen eine Lücke in der Erzählung des Herod. constatiren. In dem sonst so detaillirten Berichte eine so bedeutende Lücke anzunehmen, scheint sehr gewagt.

[4]) Herod. IX, 38—39.

Nachdem die Hellenen den persischen Reiterangriff unter Masistios glücklich zurückgeschlagen hatten, stiegen sie endlich, zumeist durch Mangel an Wasser veranlasst, in die Ebene herab und nahmen, indem sie von Erythrai westlich an Hysiai vorbei marschirten, im Gebiete von Plataiai in der Weise Stellung, dass ihre Front, die vorher nach Norden gerichtet war, sich jetzt mehr nach Osten gegen die Perser wendete, welche zur grösseren Sicherheit auf dem linken Ufer des Asopos, ganz in der Nähe ihres befestigten Lagers, neue Stellungen eingenommen hatten. Auf den Rath der Thebaier[1]) hatte Mardonios seine Aufstellung so getroffen, dass er auf dem linken Flügel den Lakedaimoniern seine besten Truppen gegenüberstellte; das Centrum bildeten die weniger zuverlässigen Baktrier, Inder und Saken, auf dem rechten Flügel endlich stellten sich die Thebaier selbst an der Spitze der Boioter, an welche sich die übrigen medisirenden Griechen anschlossen, ihren verhasstesten Feinden, den Athenern und Plataiern, gegenüber.

Unthätig verharrten die feindlichen Parteien 8 Tage lang in dieser Stellung ohne anzugreifen, da in beiden Lagern die Opferpriester davon abgerathen hatten. An den beiden folgenden Tagen wurden die Hellenen durch die thebaiische Reiterei ununterbrochen beunruhigt, so dass es ihnen wegen der beständigen Angriffe unmöglich war, sich dem Flusse zu nähern und sie mit ihrem Wasserbedarf ausschliesslich auf die Quelle Gargaphia beschränkt wurden.[2]) Um diese Zeit hatte Timagenidas, der Anführer der Thebaier, Kunde davon erhalten, dass die Hellenen fortwährend Zuzug und Zufuhr durch den Pass von Dryoskephalai erhielten. Er rieth deshalb dem Mardonios, denselben zu besetzen. Dieser ging darauf ein und schickte nach jenem Passe eine Abtheilung Reiterei, bei welcher sich, da der Vorschlag von Timagenides

---

[1]) Herod. IX, 31.
[2]) Herod. IX, 40 cf. 49.

ausging, und die Thebaier des Terrains besonders kundig sein mussten, ohne Zweifel auch die thebaiischen Reiter befanden. Der zur Nachtzeit ausgeführte Handstreich gelang vollständig, da die Lakedaimonier, die in ihrer Stellung auf dem rechten Flügel die Verbindungsstrasse nach Athen decken sollten, nicht wachsam genug waren. Den kühnen Reitern fiel ein Zug von 500 mit Proviant versehenen Lastthieren in die Hände; die Bedeckungsmannschaft wurde zum grössten Theile niedergemacht, die übrigen als Gefangene in das persische Lager weggeführt. Wenn auch eine dauernde Besetzung der Defileen, wie wohl Timagenidas beabsichtigt hatte, nicht möglich war, da die Besatzung ohne Verbindung mit den ungefähr 2 Stunden entfernten persischen Stellungen gewesen wäre, so mussten doch die Hellenen seit diesem Ueberfall in steter Unruhe und Furcht schweben, dass ihnen die Rückzugslinie völlig abgeschnitten werden könnte.[1]

Am dritten Tage darauf beschloss Mardonios die Entscheidung endlich herbeizuführen, obgleich die Thebaier und aus ganz denselben Gründen auch Artabazos abmahnten. Sie gaben dem Mardonios den Rath, sich nördlich in die Ebenen der reichlich mit Vorräthen versehenen Stadt Theben zurückzuziehen und forderten ihn wiederum auf, durch Bestechungen die einzelnen griechischen Staaten zum Abfall zu bewegen.[2] Jedenfalls hatten sie besonders jetzt triftige Gründe, das letztere anzurathen, da zu dieser Zeit im griechischen Lager eine Verschwörung athenischer Aristokraten zu Gunsten der Perser bestand.[3] Mardonios blieb bei seinem Entschluss. Als in der folgenden Nacht die Hellenen durch

---

[1] Herod. IX, 50.
[2] Herod. IX, 41.
[3] Plut. Arist. c. 13. Darauf, dass die Thebaier von der Verschwörung Kunde hatten scheint hinzudeuten, dass von Artabazos, der lediglich die Meinung der Thebaier geltend macht, gesagt wird (Herod. l. c.) τούτου μὲν ἡ αὐτὴ ἐγίνετο καὶ Θηβαίων γνώμη, ὡς προειδότος πλεῖν τι καὶ τούτου —.

den makedonischen König Alexandros über den Plan des Mardonios benachrichtigt worden waren, wusste Pausanias die Athener zu bestimmen, noch in derselben Nacht ihre Stellung mit derjenigen der Lakedaimonier zu vertauschen. Diese Bewegung merkten die Thebaier und meldeten sie dem Mardonios.[1]) Derselbe befahl sogleich eine entsprechende Veränderung seiner Linie. Als dadurch Pausanias seinen Zweck vereitelt sah, nahm er seine frühere Stellung wieder ein, ebenso Mardonios. Darauf brachten die Perser durch einen heftigen Reiterangriff die Hellenen in grosse Bedrängniss. Pausanias beschloss deshalb, im Einverständniss mit den übrigen Führern, sich weiter westlich, nach den Ruinen von Plataiai zurückzuziehen. Aber schon bei Einbruch der Nacht floh das Mitteltreffen des griechischen Heeres auf Plataiai zu. Da auf diese Weise der rechte und linke Flügel völlig getrennt worden waren, so gab Pausanias diesen beiden Theilen den Befehl zum Rückzug.

Als am anderen Morgen die Perser die rückgängige Bewegung der Feinde bemerkte, stürmten sie, wie um einen geschlagenen Feind zu verfolgen, ohne Ordnung zu halten über den Asopos vorwärts. Die Lakedaimonier, welche zuerst angegriffen wurden, da sie am weitesten zurückgeblieben waren, schickten sogleich einen reitenden Boten an die Athener, um von ihnen Unterstützung zu erbitten. Diese waren zwar bereit, den Lakedaimoniern Hülfe zu leisten, doch wurden sie von den anrückenden Boiotern aufgehalten und in einen langen und heftigen Kampf verwickelt. Am längsten hielten die thebaiischen Hopliten Stand, unter denen die Anhänger der oligarchischen Partei mit grosser Tapferkeit und Erbitterung kämpften, da sie sich wohl bewusst waren, welches Loos sie treffen würde, wenn ihre schlimmsten Feinde, die Athener, Sieger blieben.[2]) Dreihundert The-

---

[1]) Plut. Arist. c. 16; cf. Herod. IX, 47.
[2]) Herod. IX, 67. Plut. Arist. c. 18 u. c. 19.

baier, alle den adlichen Geschlechtern angehörend, fanden hier den Tod, die übrigen zogen sich nördlich auf dem Wege nach Theben zurück, ohne der wilden Flucht nach dem befestigten persischen Lager sich anzuschliessen. Ihren Rückzug deckte der Hipparch Asopodoros mit der thebaiischen Reiterei, die durch den siegreichen Kampf gegen die an Zahl weit überlegenen Megareer und Phliasier bewies, dass sie an Tapferkeit den Hopliten nicht nachstand. Nachdem nämlich die Truppen des dicht bei den Ruinen Plataiais befindlichen griechischen Centrums Nachricht von dem Siege der Lakedaimonier erhalten hatten, brachen sie sofort nach dem Kampfplatz auf; die Megareer, Phliasier und andere in ihrer Nähe stehenden Griechen marschirten durch die Ebene nach dem Orte, wo die Athener gekämpft hatten. Als die thebaiischen Reiter die ungeordnet daher kommenden Griechen bemerkten, griffen sie ohne Zögern an, schlugen die Megareer und Phliasier in die Flucht, verfolgten sie bis an den Kithairon und tödteten eine grosse Anzahl von ihnen.[1])

Nach dem Berichte des Diodor[2]), der in der Erzählung der Perserkriege auf Ephoros zurückgeht, werden die fliehenden Thebaier von den Athenern, Plataiern und Thespiern bis nach Theben verfolgt. Dort entspinnt sich vor den Mauern der Stadt ein längerer, heftiger Kampf, in welchem beide Theile bedeutende Verluste erleiden; endlich siegen die Athener und kehren zurück zu den Lakedaimoniern, mit denen sie vereint nach einem heissen Kampfe das befestigte persische Lager erstürmen. — Theben lag von dem Kampfplatz ungefähr 3 Stunden entfernt.[3]) Es ist daher sehr unwahrscheinlich, dass die Athener, obgleich der Sieg noch keineswegs vollständig entschieden war, da das befestigte Lager noch erstürmt werden sollte, unbekümmert um die übrigen Hellenen sich einer Verfolgung hingaben, die den

---

[1]) Herod. IX, 69; cf. C. J. Gr. 1051 = Simonides frgm. 110.
[2]) Diod. XI, 32.
[3]) S. o. p. 49, Anm. 2.

grössten Theil des Tages in Anspruch nehmen musste. Ausserdem würden nach dem Bericht des Diodor die Athener eine unglaubliche Leistungsfähigkeit bekunden: am Morgen besiegen sie nach einem heftigen und langen Kampf die ihnen gegenüberstehenden Griechen, darauf verfolgen sie die Thebaier 3 Stunden weit, bestehen abermals einen heissen Strauss unter bedeutenden Verlusten, kehren wieder zurück und nehmen noch hervorragenden Antheil an dem Kampfe um das befestigte Lager und der endlichen Erstürmung desselben. Sonach ist einzig der Bericht des Herodot aufrecht zu erhalten.

Nach dem ruhmvollen Siege bei Plataiai beschlossen die verbündeten Hellenen, die Boioter und vor allen die Thebaier, die ihnen in der Schlacht den heftigsten Widerstand geleistet und die empfindlichsten Verluste beigebracht hatten, zu züchtigen.[1]) Da auch bei einer freiwilligen Uebergabe die Thebaier keine Schonung von den erbitterten Griechen erwarten durften, so waren sie entschlossen, ihre Stadt gegen die gesammte Macht der Verbündeten bis aufs Aeusserste zu vertheidigen, zumal bei den reichlich aufgespeicherten Vorräthen [2]) Hoffnung vorhanden war, eine Belagerung auf längere Zeit aushalten zu können. Doch hätte die durch die Verluste bei Plataiai sehr zusammengeschmolzene oligarchische Partei für sich allein unmöglich diesen Entschluss zur Durchführung bringen können, wenn sie nicht durch boiotische Contingente, namentlich aus den südlichen Städten, die der Rache der Hellenen zuerst ausgesetzt waren, verstärkt worden wäre.[3]) So erklärt es sich, dass die Stadt trotz der den heranziehenden Griechen freundlich gesinnten demokratischen Partei, sich lange Zeit gegen eine vielfache Uebermacht halten konnte.

---

[1]) Herod. IX, 86 ff. Diod. XI, 33, 4.
[2]) Herod. IX, 41.
[3]) Dies ist nicht ausdrücklich überliefert, kann aber als sicher angenommen werden: Nach der Schlacht flohen die Griechen, welche auf dem rechten Flügel des persischen Heeres gestanden hatten, nicht nach dem befestigten Lager, sondern nach Theben (Herod.

Am elften Tage nach der Schlacht rückte Pausanias mit dem Heere der Verbündeten vor Theben und belagerte es. Das Land ringsum wurde verwüstet und die zu Theben gehörigen Orte ausgeplündert. Nachdem Pausanias vergeblich versucht hatte, die Stadt mit Sturm zu nehmen, knüpfte er gegen Ende Oktober (479)[1] mit den Thebaiern Unterhandlungen an, weil es ihm darauf ankommen musste, die Belagerung noch vor Anbruch des in der Gegend von Theben besonders rauh auftretenden Winters zu beenden.[2] Er forderte als Bedingung seines Abzuges die Auslieferung der Häupter der medisch gesinnten Partei, vor allen des Timagenidas und Attaginos.[3] Da offenbar die oligarchische Partei auf die verhältnissmässig billigen Bedingungen einzugehen sehr geneigt war, so erklärte Timagenidas am zwanzigsten Tage nach Beginn der Belagerung, dass er und die anderen Parteihäupter sich freiwillig den Hellenen ausliefern

---

IX, 67). Die Mehrzahl zog wohl vor der Belagerung wieder ab; dass aber die Boioter aus dem südlichen Theile der Landschaft, der von den Griechen zunächst bedroht wurde, den Schutz der Mauern Thebens verliessen, ist undenkbar.

[1] Am 11. Tage nach der Schlacht zog Pausanias vor Theben, am 20. Tage der Belagerung wurden die Parteihäupter ausgeliefert (Herod. IX, 86. 87).

[2] [Dikaiarchos] Müller FHG. II, p. 259.

[3] Bei der allgemeinen Erbitterung, welche gegen die Thebaier in besonders hohem Grade nach der Schlacht bei Plataiai herrschte, ist es ganz unwahrscheinlich, dass jene nach den Verhältnissen sehr milden Bedingungen sogleich bei Beginn der Belagerung gestellt wurden (wie Herod. IX, 86 erzählt); gewiss wäre die oligarchische Partei, froh, so leichten Kaufes davon zu kommen, sofort auf die sehr gemässigten Bedingungen eingegangen, ohne eine so verzweifelte Gegenwehr gegen das gesammte Heer der Griechen zu wagen. — Erst nach einer fast dreiwöchentlichen Belagerung, als es trotz aller Anstrengungen unmöglich war, die Stadt zu erobern, und man einsah, dass dieselbe bei den aufgehäuften Vorräthen voraussichtlich bis in den Winter hinein sich würde halten können, wurden jene milden Bedingungen gestellt.

wollten, damit Boiotien nicht länger um ihretwillen den Verwüstungen durch die Belagerer ausgesetzt sei. Sollten aber die Hellenen mit einem Lösegeld zufrieden sein, so möge die zu zahlende Summe aus dem Staatsschatze genommen werden, da sie ja nicht für sich allein, sondern im Einverständniss mit der Bürgerschaft medisirt hätten. Nachdem die Zahlung eines Lösegeldes von den Griechen zurückgewiesen worden war, wurden die Parteihäupter ausgeliefert. Während der Verhandlungen gelang es dem Attaginos und sehr wahrscheinlich auch dem Hipparchen Asopodoros[1]) aus der Stadt zu entfliehen. Die Söhne des ersteren jedoch sowie Timagenidas und die übrigen Parteihäupter wurden dem Pausanias übergeben. Dieser giebt mit einem an ihm auffallenden Zuge von Edelmuth die Söhne des Attaginos frei, da sie an der verrätherischen Gesinnung ihres Vaters keine Schuld trügen. Die Uebrigen wurden nach Korinth gebracht. Dort, hofften sie, würde von den Abgeordneten der griechischen Städte über sie verhandelt werden, und da sie den reichsten Familien Thebens angehörten, so waren sie der festen Zuversicht, durch reichliche Geldspenden ein günstiges Urtheil sich erwirken zu können. Sie hatten sich getäuscht, denn Pausanias liess sie ohne vorhergegangene Untersuchung in Korinth als Verräther des Vaterlandes hinrichten.

---

### Dritter Abschnitt.

## Theben in der Zeit nach dem Perserkriege.

**Von der Schlacht bei Plataiai bis zur Schlacht bei Koroneia (479—446).**

Die Zeit, welche auf die letzten Ereignisse folgte, ist vielleicht die unglücklichste in der Geschichte Thebens.

---

[1]) Pind. Isthm. 1, 35 ff. nennt einen Asopodoros, der sich ‚bei dem Schiffbruch des Staates‘ nach Orchomenos gerettet habe.

Wegen ihres Bündnisses mit den Barbaren wurden die Thebaier von allen Griechen verachtet und gehasst, so dass man sogar damit umging, sie aus der delphischen Amphiktyonie auszuschliessen¹), um dadurch zu zeigen, dass man sich von jeder, auch von der religiösen Gemeinschaft mit ihnen lossagen wolle. Selbst ihre eigenen Stammesgenossen, die doch die gleiche Politik befolgt hatten, erblickten in der bedrängten Lage Thebens nur eine günstige Gelegenheit, sich völlig von der Hegemonie der bisherigen Bundeshauptstadt loszusagen.²) — Die wiederholten Durchzüge der persischen Heeresmassen hatten das fruchtbare Land ausgesogen; die grossen Besitzungen der adlichen Geschlechter, auf welchen ihr Ansehen und Einfluss beruhte, waren durch die Hellenen und Perser verwüstet worden, Mangel drohte; eine grosse Anzahl von Männern aus den edelsten Familien war in der Schlacht bei Plataiai umgekommen, dennoch hatte sich der Adel den Besitz der Herrschaft auch nach den letzten Ereignissen erhalten können, da die Lakedaimonier, die steten Beschützer der Oligarchien³), auch nach der Bestrafung Thebens das oligarchische Regiment hatten fortbestehen lassen und, besonders in der folgenden Zeit, als die Kluft zwischen Sparta und Athen immer grösser wurde, suchten sie, gegenüber dem entgegengesetzten Streben der Athener, dasselbe auf jede Weise zu befestigen.⁴) Offenbar konnte aber gerade jetzt der aufstrebende Demos kräftiger sich regen, da er nicht mit Unrecht der herrschenden Klasse die Schuld an dem

---

¹) Plut. Themist. c. 20.
²) Diod. XI, 81.
³) Thuk. I, 19.
⁴) Dass nach der Belagerung Thebens die Demokratie die Herrschaft gewann, ist sehr unwahrscheinlich. Als sie, nach der Schlacht bei Oinophyta (458) von den Athenern begünstigt, eingeführt wurde, ging sie durch eigene Misswirthschaft in sehr kurzer Zeit wieder zu Grunde: Aristot. Pol. VIII, 2, 6 (V, 3); wie konnte sie sich nach der Belagerung Thebens über 20 Jahre (bis zur Schlacht bei Tanagra) erhalten? Dazu kommt, dass die Lakedaimonier, wenn zur Zeit der

Unglück Thebens beimessen durfte. So gesellten sich zu der völligen politischen Ohnmacht nach Aussen noch die verderblichsten Parteizwiste im Inneren, die einer baldigen Wiedererlangung der früheren Stellung Thebens das stärkste Hinderniss entgegensetzten.[1])

Wie trüb und trostlos die Lage der Stadt in jener Zeit war, zeigt deutlich ein Gedicht Pindars, das wenig Monate nach der Belagerung entstand (Isthm. VII). Mit Mühe gewinnt es der um das Schicksal seiner Vaterstadt tief bekümmerte Dichter über sich, ein freudiges Siegeslied anzustimmen [2]), nur die Hoffnung vermag ihn zu ermuthigen:

$$\mathit{iατὰ \; δ' \; ἔστι \; βροτοῖς \; σὺν \; γ' \; ἐλευθερίᾳ}$$
$$\mathit{καὶ \; τά· \; χρὴ \; δ' \; ἀγαθὰν \; ἐλπίδ' \; ἀνδρὶ \; μέλειν}\,[3]):$$

‚Zu heilen sind auch diese Wunden, wenn nur Freiheit ist!' — Aus dieser Stelle geht zugleich hervor, dass zu jener Zeit sogar die Freiheit und Selbstständigkeit Thebens bedroht war. Ihr waren vor allen die Athener gefährlich, die nach der Niederwerfung der Perser in ihrem verdoppelten Streben nach Machterweiterung dem verhassten, jetzt machtlosen und tief gedemüthigten Staate der Thebaier drohender als je gegenüberstanden. Unter diesen Verhältnissen musste der herrschende Adel in Theben eifrig bemüht sein, an anderen griechischen Staaten Stützen gegen Athen zu suchen. Wenn nun Pindar in demselben Gedichte an den Ausdruck der Hoffnung auf Besserung der Zustände, sogleich den Hinweis

---

Schlacht bei Tanagra (458) wirklich eine Demokratie zu Theben bestanden hätte, den Thebaiern zur Wiedererlangung der Hegemonie über die boiotischen Städte sicher nicht behülflich gewesen wären (Diod. XI, 81, 3).

[1]) Nicht selten finden sich in Gedichten Pindars aus dieser Zeit deutliche Hinweise auf die inneren Parteiungen: Pyth. XI, 29. 30. Pyth. IX, dazu L. Schmidt: Pindars Lieder u. Dichtung p. 170.

[2]) Isthm. VII, v. 5 ff.

[3]) Isthm. VII, v. 15. 16.

auf die mythische Verwandtschaft Thebens und Aiginas knüpft¹), so giebt er hierin den Bestrebungen der Thebaier Ausdruck, jetzt das alte Band der Freundschaft und Bundesgenossenschaft mit den Aigineten, die aus Handelsinteressen die natürlichen Feinde Athens waren, wieder anzuknüpfen. Nachdem jedoch diese seit dem Jahre 460 selbst von den Athenern hart bedrängt wurden, gingen die Thebaier kurz darauf um so bereitwilliger mit den Lakedaimoniern, die jeder Zeit bemüht waren, die Feinde der Athener ausserhalb des Peloponnesos zum Kriege gegen dieselben aufzumuntern, in ein Bündniss ein. Eine günstige Gelegenheit, mit Theben in Unterhandlung zu treten und diese Stadt für ihre Pläne zu gewinnen, bot sich den Lakedaimoniern bei einem Zuge, den sie im Jahre 459²) gegen die Phokeer, welche Donis, das Mutterland der Lakedaimonier, bedrohten, mit bedeutender Heeresmacht unter Führung des Nikomedes unternommen hatten.³) Als sie nach Beilegung der Streitigkeiten auf dem Seewege zurückkehren wollten, wurden sie daran gehindert, da athenische Schiffe im korinthischen Meerbusen kreuzten. Sie beschlossen daher, auf dem Landwege durch Boiotien heimzukehren. Auch dieser Weg war ihnen durch Besetzung der Zugänge nach dem Peloponnesos seitens der Athener verlegt worden, sie blieben deshalb in Boiotien, schlugen in der Nähe von Tanagra ein Lager auf und benutzten ihren Aufenthalt, um ein Bündniss mit den Thebaiern gegen die Athener zu schliessen. Da ihre Politik bezweckte, in Mittelgriechenland der überwiegenden Machtstellung Athens ein kräftiges Gegengewicht zu geben⁴), so waren sie eifrig bemüht, den Wünschen der Thebaier entgegenkommend, die Suprematie Thebens im boiotischen Bunde wieder herzustellen. Dies erreichten sie dadurch, dass sie in

---

¹) Isthm. VII. 16 ff.
²) 459 nach Krüger histor. philol. Studien Bd. I, p. 172.
³) Herod. IX, 35. Thuk. I, 107.
⁴) Diod. XI, 81, 3.

den einzelnen boiotischen Städten, vor allen in Theben, der oligarchischen Partei zur völligen Unterdrückung des mit Athen sympathisirenden Demos Beistand leisteten; die Anführer desselben wurden sämmtlich verbannt.[1]) Ausserdem halfen sie mit Verwendung ihres zahlreichen Heeres den Thebaiern bei der Erweiterung ihrer Festungswerke.[2]) Zum Danke für diese Dienste versprachen die Thebaier, gegen die Athener zu Felde zu ziehen, sodass die Lakedaimonier nicht nöthig hätten, ein Heer aus dem Peloponnesos zu entsenden.[3])

Die Athener merkten die Anschläge der Lakedaimonier, und da zu fürchten war, dass diese, den Aufforderungen der oligarchischen Verschwörung in Athen Folge leistend, mit ihrem zahlreichen Heer, durch die Boioter noch verstärkt, in Attika einbrechen würden, so beschlossen sie, ihren Feinden zuvor zu kommen und schickten daher ein ansehnliches Heer nach Boiotien. Dem Zuge schlossen sich noch 1000 Argeier und thessalische Reiterei an, so dass sich die Stärke des Heeres auf 14000 Mann belief.[4])

Bei Tanagra in Süd-Boiotien kam es im Jahre 458[5]) zu einer heftigen Schlacht. Nach grossen Verlusten auf beiden Seiten entschied sich der Sieg, als die thessalischen Reiter übergegangen waren, für die Lakedaimonier und die mit ihnen kämpfenden Thebaier.[6])

---

[1]) Dies geht aus [Plat.] Menex. c. 13 hervor: danach wurden kurz nach der Schlacht bei Oinophyta, als von den Athenern demokratische Regierungen in Boiotien eingerichtet wurden, die Verbannten zurückgerufen.
[2]) Diod. l. c.
[3]) Diese Verhandlungen gehören, wie Böckh (Explicat. ad Pind. Isthm. VI, p. 533) nachgewiesen hat, nicht in die Zeit nach der Schlacht bei Tanagra (wie nach Diodor anzunehmen wäre), sondern in die Zeit kurz vor derselben.
[4]) Thuk. I, 107.
[5]) Krüger histor. philol. Studien I, p. 172. 173.
[6]) Thuk. nennt nur Lakedaimonier und Bundesgenossen; dass unter diesen die Thebaier waren, geht hervor aus Paus. I, 29, 6. —

Nachdem hierauf mit den Athenern ein Waffenstillstand auf 4 Wochen abgeschlossen worden war, kehrten die Lakedaimonier zurück, in der festen Zuversicht, dass nach diesem entscheidenden Siege die Thebaier ihres Beistandes nicht mehr bedürfen würden. In der That musste jener Erfolg für die Stärkung der Oligarchie und die Befestigung der Herrschaft innerhalb des boiotischen Bundes überaus günstig sein und schon konnten die Thebaier hoffen, ihre Stadt, die mehr als 20 Jahre hindurch eine völlig machtlose und verachtete Stellung unter den griechischen Staaten eingenommen hatte, endlich wieder zu Ansehen zu bringen — eine Hoffnung, die bereits nach Verlauf von 2 Monaten durch die Athener gänzlich vernichtet wurde. Diese wussten aus Erfahrung, wie gefährlich ihnen Theben, wenn es wieder zu seiner früheren Macht gelange, bei einem Kriege gegen die Lakedaimonier werden konnte. Deshalb zog am 62. Tage nach der Schlacht bei Tanagra[1]), ein schnell ausgehobenes Heer unter dem Befehl des Myronides nach Boiotien. Bei Oinophyta, in der Nähe von Tanagra, kam es zur Schlacht, in welcher die Thebaier und die übrigen Boioter nach langem und verzweifelten Widerstand[2]) von den Athenern besiegt wurden. Nach dem Bericht des Diodor[3]) war dieser Sieg bei Oinophyta von ausserordentlicher Bedeutung: er stellt ihn sogar mit den Siegen bei Marathon und Plataiai auf gleiche Stufe, denn diese seien gegen Barbaren und mit Hülfe von Bundesgenossen erfochten worden, den Sieg bei Oinophyta hätten die Athener allein gegen Hellenen errungen, die an

---

[Plato] Menex. c. 3; Diod. XI, 81; Justin III, 6 lassen die Schlacht unentschieden. Sie wiegen nicht das Zeugniss des Thuk. (I, 108) auf. Dass die Lakedaimonier siegten, berichten ausserdem: Plut. Kim. 17 u. Paus. V, 10, 4.

[1]) Thuk. I, 108.
[2]) Pind. Isthm. VI, 36; cf. Böckh, Explicat. ad Isthm. VI, p. 536, 538.
[3]) Diod. XI, 82.

Kriegstüchtigkeit, Ausdauer und Zähigkeit keinem der übrigen hellenischen Stämme nachstünden.[1])

Nach diesem Siege[2]) belagerte Myronides die Stadt Tanagra, eroberte dieselbe, schleifte ihre Mauern und bemächtigte sich hierauf der ganzen übrigen Landschaft, Theben nicht ausgenommen.[3]) Ueberall in Boiotien wurden die oligarchischen Regierungen gestürzt, die Häupter derselben

---

[1]) In dem Auszug, den Thuk. über die wichtigsten Ereignisse der Pentekontaetie giebt, erwähnt er die Schlacht bei Oinophyta ganz kurz, doch deutet das genaue Datum, welches er für dieselbe angiebt, auf die Wichtigkeit des denkwürdigen Tages hin (I, 108). — Ueber die Heftigkeit des Kampfes cf. Pind. Isthm. VI (,χάλαζα αἵματος‘).

[2]) Diod. l. c. benutzte über die Schlacht bei Oinophyta verschiedene Ueberlieferungen (τῶν δὲ συγγραφέων καίπερ τῆς μάχης ταύτης ἐπιφανοῦς γεγενημένης —). Da nun die ihm vorliegenden Berichte aus einander giengen, so wurde er verleitet, zwei Schlachten anzunehmen, die er in seiner Darstellung ganz kurz auf einander folgen lässt; dass aber die erste von ihm berichtete Schlacht mit der bei Oin. zusammenfällt, erhellt deutlich daraus, dass Diod. nach dem ersten Kampfe, von dem er übrigens nicht angiebt, wo er vor sich ging, den Myronides Tanagra belagern lässt, während diese Belagerung, wie nach Thuk. I, 108 unzweifelhaft feststeht, erst nach der Schlacht bei Oin. stattfand. Cf. Krüger, hist. phil. Studien I, p. 173.

[3]) Diod. l. c. schliesst Theben aus. Nach Thuk. hat sich der Einfluss Athens nach der Schlacht bei Oin. auch auf Theben erstreckt, so dass auch hier, wie in den übrigen Theilen Boiotiens, unter Beihülfe der Athener sich eine Verfassungsreform zu Gunsten des Demos vollzog: Thuk. (I, 108) sagt von den Athenern: τῆς τε χώρας ἐκράτησαν τῆς Βοιωτίας. Dass er damit ganz Boiotien meint und nicht die bedeutendste Stadt dieser Landschaft ausschliessen will, zeigt I, 113, wo er ausdrücklich angiebt, dass nach der Schlacht bei Koroneia die Athener die ganze Landschaft wieder räumen mussten: καὶ τὴν Βοιωτίαν ἐξέλιπον Ἀθηναῖοι πᾶσαν —. Dazu kommt, dass unter den nach der Schlacht bei Oin. Vertriebenen (I, 113) auch eine grosse Anzahl Thebaier sich befand, wie aus III, 62, 4 zu schliessen ist. Man sieht nicht ein, warum diese Thebaier aus ihrer Stadt flüchteten, wenn nicht die Athener nach der Schlacht bei Oin. sich auch Thebens bemächtigt hätten.

verbannt, und an die Stelle der oligarchischen Verfassung trat allenthalben eine von Athen begünstigte Demokratie. Vergeblich hatten die Thebaier auf den Beistand der Lakedaimonier gehofft[1]), doch diese liessen es ruhig geschehen, dass die Athener Boiotien zu einem, wenn auch nicht zur Entrichtung eines Tributes, so doch zur Stellung von Hülfstruppen[2]) verpflichteten Gliede ihres Bundes machten.[3])

Die Lage Thebens nach der Schlacht bei Oinophyta war derjenigen nach der Schlacht bei Plataiai und der Belagerung Thebens nicht unähnlich[4]): wiederum lag das fruchtbare Land ringsum verwüstet[5]), die Suprematie über die boiotischen Städte war abermals vernichtet, und wieder zeigten sich im Inneren Unruhen und Zwistigkeiten. Der Demos, der durch Athens Vermittelung endlich zur Herrschaft gelangt war[6]), bewies deutlich, wie wenig er würdig

---

[1]) Bitter bemerkt Pindar (Isthm. VI, 16), nachdem er der von den thebaiischen Aigciden in mythischer Zeit den Spartanern bei der Eroberung Amyklais gewährten Hülfeleistung gedacht hat:
ἀλλὰ παλαιὰ γὰρ
εὕδει χάρις· ἀμνάμονες δὲ βροτοί —.

[2]) Cf. Thuk. I, 111.

[3]) Rangabé, Antiquités helléniques, Athènes 1843, 1845. (I, p. 369 no. 301) setzt in diese Zeit eine Inschrift (C. J. Att. I, 67), durch welche die Unabhängigkeit der boiotischen Städte von Theben officiell durch die Athener anerkannt worden sein soll. Die Gestalt der Buchstaben weist auf eine spätere Zeit hin, namentlich aber lässt die durchgehends angewendete jüngere Form des Sigma (cf. Kirchhoff, Studien zur Gesch. des griech. Alphabets 1877, p. 80) deutlich erkennen, dass die Inschrift einer späteren Zeit als Ol. 81, 1 angehört.

[4]) Pindar deutet mit kurzen, aber inhaltsschweren Worten auf das harte Geschick seiner Vaterstadt hin (Isthm. VI, v. 37: ἔτλαν δὲ πένθος οὐ φατόν); nicht wie früher in einer längeren, tief empfundenen Klage, zumeist wohl deshalb, weil er (wie er im Gedicht selbst angiebt) älter und damit ruhiger geworden war.

[5]) Diod. XI, 82, 5.

[6]) Aristot. Pol. VIII, 2, 6 (V, 3). Kirchhoff, Ueber die Abfassungszeit der Schrift vom Staate der Athener, 1878 p. 4 ff., nimmt nach

war, den Staat zu leiten. Als die Unordnung und Gesetzlosigkeit immer mehr einriss, machten endlich die Reichen (οἱ εὔποροι), adliche und nichtadliche, durch gemeinsames Handeln den unerträglichen Zuständen ein Ende, indem sie sich der Herrschaft bemächtigten.

Ungefähr 3 Jahre nach der Schlacht bei Oinophyta mussten die Thebaier mit den übrigen Boiotern den Athenern Heeresfolge leisten während eines ohne Erfolg unternommenen Feldzuges gegen die Thessaler.[1])

In der folgenden Zeit waren die flüchtigen thebaiischen Oligarchen unablässig bemüht, sich die Rückkehr in die Heimath zu ermöglichen. Sie hatten sich mit den übrigen boiotischen Verbannten in dem nördlichen Theile Boiotiens festgesetzt, um von hier aus um so leichter ihren von gleichem Hass gegen die athenische Demokratie beseelten Gesinnungsgenossen in den Landschaften Lokris und Phokis, die nach der Schlacht bei Oinophyta das Schicksal Boiotiens getheilt hatten, die Hand reichen zu können. Bereits war es ihnen gelungen, verstärkt durch Flüchtlinge aus Phokis, Lokris und Euboia, wo sich schon jetzt die Neigung zum Abfall zeigte, Chaironeia und einige weniger bedeutende Orte in ihren Besitz zu bringen[2]), da hielten es die Athener für gerathen,

---

dieser Stelle ohne zwingende Gründe an, dass die Demokratie in Theben nicht in Folge der Schlacht bei Oin. eingeführt worden sei. — Da nach Thuk. (cf. p. 64 Anm. 3) der Einfluss Athens nach jener Schlacht sich auch auf Theben erstreckte (Kirchhoff leugnet dies auf Diod. gestützt), so erklärt sich, abgesehen von anderen Gründen, die Aristot.-Stelle am einfachsten und leichtesten, wenn man annimmt, dass jene Verfassungsveränderung, wie in den übrigen Theilen Boiotiens so auch in Theben, eine Folge des Sieges der Athener in der Schlacht bei Oin. war. Dass die Athener den bald erfolgten Sturz der thebaiischen Demokratie durch die oligarchische Partei der Reichen ruhig geschehen liessen, ist ein Abweichen von ihrer sonstigen Politik: darauf dürfte die Stelle Ἀθην. πολ. III, 10, 11 zu beziehen sein.

[1]) Thuk. I, 111.
[2]) Thuk. I, 113; cf. Hellanikos bei Müller FHG. I, p. 51 frgm. 49.

den Aufstand, bevor er weiter um sich greifen könne, möglichst schnell zu unterdrücken. Ohne daher die Ausrüstung eines grösseren Heeres abzuwarten, marschirte trotz der Warnung des Perikles[1]), unter der Führung des Tolmidas, im Jahre 446 ein Heer nach Boiotien. Dasselbe bestand, eine geringe Zahl Bundestruppen abgerechnet, nur aus 1000 athenischen Hopliten, meist jungen ehrgeizigen Männern aus den angesehensten Familien.[2]) Nachdem sie die boiotischen Oligarchen aus Chaironeia vertrieben und in dieser Stadt eine Besatzung zurückgelassen hatten, zogen sie wieder ab, ohne einen Angriff auf Orchomenos zu wagen. Die Thebaier und ihre Parteigänger folgten unter der Führung des Sparton[3]) den Athenern auf dem Fuss und machten zwischen Lebadeia und Koroneia[4]) einen Angriff auf dieselben. Es entspann sich ein Kampf, der durch den gegenseitigen Hass und den Gegensatz der Verfassung, für welche die Parteien kämpften, zu einem ungemein erbitterten wurde. Auf der einen Seite stritten vertriebene thebaiische Oligarchen in Verbindung mit ihren Parteigängern mit um so grösserer Tapferkeit, da ihnen nach langjähriger Verbannung als Preis des Sieges die Rückkehr in die Heimath winkte, auf der anderen Seite fochten athenische Kerntruppen mit Siegeszuversicht gegen einen Feind, der von jeher in den Kämpfen gegen Athener unterlegen war. Die Schlacht entschied sich zu Gunsten der Thebaier. Viele von den Athenern fanden den Tod, unter ihnen Tolmidas und Kleinias, der Vater des Alkibiades[5]), die übrigen wurden zu Gefangenen gemacht. Kaum eine andere Niederlage der Athener war je so vollständig

---

[1]) Plut. Perikl. c. 18; cf. c. 3 der Synkrisis.
[2]) Plut. l. c.
[3]) Plut. Agesil. c. 19.
[4]) Ueber die Schlacht bei Koroneia Thuk. I, 113; III, 62; IV, 92. Xenoph. Memor. III, 5, 4 (danach fand die Schlacht bei Lebadeia statt). Diod. XII, 6. Plut. Perikl. l. c.; Plut. Agesil. l. c.
[5]) Plut. Alkib. c. 1.

und in ihren Folgen so verhängnissvoll wie diese. Die Thebaier rühmten sich, durch Besiegung der Athener ganz Boiotien befreit zu haben [1]); zur Erinnerung daran errichteten sie ein Siegeszeichen vor dem boiotischen Bundesheiligthum, dem Tempel der itonischen Athene in der Ebene von Koroneia.[2]) Seit diesem Siege traten sie im Bunde mit den boiotischen Städten den Athenern bei weitem muthiger und zuversichtlicher entgegen [3]) und wurden, nächst den Lakedaimoniern, von jener Zeit an die gefährlichsten Feinde derselben.

Die nächste und wichtigste Folge war jedoch, dass die Athener, um die Freilassung der den angesehensten Familien angehörenden Gefangenen zu bewirken, die Landschaft Boiotien räumen und die Selbstständigkeit derselben anerkennen mussten.[4]) Die demokratische Verfassung wurde nach der Rückkehr der Verbannten in allen boiotischen Städten abgeschafft, und die Oligarchie wieder hergestellt. Damit gewannen zugleich die Thebaier ihre frühere einflussreiche Stellung innerhalb des boiotischen Bundes wieder zurück, welche sie jetzt dauernder zu behaupten besonders deshalb im Stande waren, weil die inneren Zustände ihrer Stadt geordneter und gesünder geworden waren. Als nämlich die der oligargischen Partei angehörenden Verbannten in ihre Vaterstadt zurückgekehrt waren, fanden sie dort die Leitung des Staatswesens in den Händen der Partei der Reichen, die sich aus den reich gewordenen Demoten und den zurückgebliebenen, von Alters her begüterten Geschlechtern zusammensetzte. Nun wäre es gewiss ebenso schwierig als unklug gewesen, wenn die zurückgekehrten Oligarchen die bestehende Verfassung hätten stürzen wollen, um die Berechtigung zur Theilnahme an der Regierung und Verwaltung des Staates lediglich auf die Mitglieder der gewiss im Laufe

---

[1]) Thuk. III, 62.
[2]) Plut. Agesil. c. 19.
[3]) Xenoph. Memor. III, 5, 4.
[4]) Diod. XII, 6; cf. Thuk. I, 113.

der Zeit sehr zusammengeschmolzenen altadlichen Geschlechter zu beschränken: dann hätten die auf diese Weise ausgestossenen begüterten Demoten mit der besitz- und rechtlosen Masse des Demos eine starke, kaum niederzuhaltende Oppositionspartei gebildet, und die verderblichen inneren Parteiungen und Zwistigkeiten, an denen das thebaiische Staatswesen bisher gekrankt hatte, hätten von Neuem begonnen. So vollzog sich, durch die Verhältnisse mit Nothwendigkeit herbeigeführt, zu Gunsten der begüterten Nichtadlichen eine Verfassungsreform, welcher ohne Zweifel das bei Aristoteles [1]) uns erhaltene Gesetz zu Grunde lag: ἐν Θήβαις δὲ νόμος ἦν τὸν δέκα ἐτῶν μὴ ἀπεσχημένον τῆς ἀγορᾶς μὴ μετέχειν ἀρχῆς. Sonach waren zum Eintritt in die herrschende Klasse alle diejenigen aus dem Demos berechtigt, welche im Besitz eines Vermögens waren, das ihnen gestattete, ohne Sorgen müssig zu sein oder mit anderen Worten, es ward durch jenes Gesetz ein hoher Census festgesetzt. Während nun in anderen Staaten einfach die Erreichung des gesetzlichen Census zur Theilnahme an den Staatsgeschäften berechtigte, so war in Theben diese Berechtigung an die den Eintritt in die privilegirte Klasse erschwerende Bedingung geknüpft, dass auch nach Erreichung des Census noch 10 Jahre verfliessen mussten, während welcher Zeit jeder, um sich den Anspruch auf Theilnahme an der Staatsverwaltung zu erwerben, weder Handel noch ein Gewerbe betreiben durfte.[2]) Die altadlichen Geschlechter, die alle im Besitz des gesetzlichen Census waren, sicherten sich auf diese Weise ihre

---

[1]) Aristot. Pol. III, 3, 4 (III, 5); cf. VII, 4, 5 (VI, 7): καθάπερ Θηβαίοις ἀποσχομένοις χρόνον τινὰ τῶν βαναύσων ἔργων.

[2]) Da anzunehmen ist, dass die Demokratie kurz nach der Schlacht bei Oinophyta (Aristot. Pol. VIII, 2, 6 (V, 3)) wieder zu Grunde ging, so hatten, als die verbannten Oligarchen zurückkehrten, die nicht adlichen Reichen 10 Jahre bereits an der Verwaltung und Leitung des Staates theilgenommen und sich ohne Zweifel während dieser Zeit des Handels und des Gewerbebetriebes enthalten. Die zurückgekehrten

alten Rechte und wahrten zugleich ihre Herrschaft auf die Dauer, da sie eine Opposition des Demos dadurch, dass sie allen Freien die Aussicht und die Hoffnung auf eine zu erreichende Gleichberechtigung mit der privilegirten Klasse gaben, die Spitze abbrachen. Innerhalb der zur Theilnahme an der Verwaltung und Leitung des Staatswesens befähigten Klasse herrschte vollständige Gleichberechtigung (ὀλιγαρχία ἰσόνομος). Dafür ist der beste Beleg, dass in Theben der Archon eponymos durch das Loos gewählt wurde.[1]) Als Träger eines gleichsam von den Göttern ihm verliehenen Amtes war seine Person heilig und unverletzlich; das Zeichen seiner Würde war die heilige Lanze, die er stets bei sich führen musste.

Mit der Einführung einer solchen gemässigten, zur Timokratie hinneigenden Oligarchie beginnt eine neue Periode der Geschichte Thebens, die jetzt, nach den mannigfachen voraufgegangenen Stürmen, in ein ruhigeres Fahrwasser einlenkt. Unter dieser Verfassung gewinnt Theben während der Zeit des peloponnesischen Krieges immer mehr an Macht und Einfluss gegenüber den anderen griechischen Städten, bis endlich (im Jahre 379) auch hier an die Stelle der Oligarchie eine Demokratie tritt, welche die glänzendste Zeit in der Geschichte Thebens herbeiführt.

---

Mitglieder der adlichen Geschlechter waren begreiflicher Weise bei der Verfassungsreform bemüht, für die Zukunft den Demoten den Eintritt in die bevorrechtete Klasse zu erschweren. Dies konnten sie durch Festsetzung der zehnjährigen Wartezeit bewirken, ohne die reich gewordenen Demoten, die bereits an den Staatsgeschäften theilgenommen hatten, irgend wie zu verletzen.

[1]) Plut. de Gen. Socrat. c. 31 (p. 720 Dübner). — Francke p. 24 scheint anzunehmen, dass „Kabirichos" eine stehende Benennung des thebaiischen Archon war. Vielmehr war dies der Name des Archon, welcher im Jahre 379 (bei dem Sturze der Oligarchie) im Amte war. Dieser Name war in Theben nicht selten, er kommt u. a. inschriftlich als der Name eines späteren thebaiischen Komödiendichters vor: C. J. Gr. no. 1584.